COLLECTION MICHEL LÉVY
— 1 franc 25 cent. le Volume —
PAR LA POSTE, 1 FR. 50 CENT.

LE COMTE AGÉNOR DE GASPARIN

LA BIBLE

II

PARIS

CALMANN LÉVY, ÉDITEUR
ANCIENNE MAISON MICHEL LÉVY FRÈRES
RUE AUBER, 3, ET BOULEVARD DES ITALIENS, 15
A LA LIBRAIRIE NOUVELLE

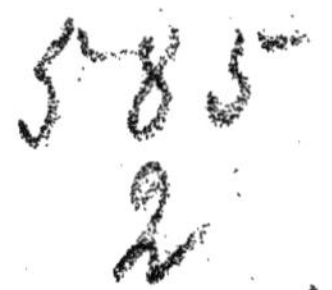

LA BIBLE

II

CALMANN LÉVY, ÉDITEUR

OUVRAGES

DE

M. LE COMTE AGÉNOR DE GASPARIN

L'Amérique devant l'Europe. — Principes et Intérêts, 3e édition. Un volume grand in-18.
Le Bonheur, 8e édition. Un volume grand in-18.
Le Bon Vieux Temps, 3e édition. Un volume grand in-18.
La Conscience, 6e édition. Un volume grand in-18.
Les Droits du cœur, 3e édition. Un volume grand in-18.
Les Écoles du doute et l'École de la foi, 3e édition. Un volume grand in-18.
L'Égalité, 4e édition. Un volume grand in-18.
L'Église selon l'Évangile. Deux volumes grand in-18.
L'Ennemi de la famille, 5e édition. Un volume grand in-18.
La Famille, ses devoirs, ses joies et ses douleurs, 10e édition. Deux volumes grand in-18.
La France, nos fautes, nos périls, notre avenir, 4e édition. Deux volumes grand in-18.
Un grand peuple qui se relève, 5e édition. Un volume grand in-18.
Innocent III, 4e édition. Un volume grand in-18.
La Liberté morale, 5e édition. Deux volumes grand in-18.
Luther et la Réforme au XVIe siècle, 5e édition. Un volume grand in-18.
Pensées de liberté, 3e édition. Un volume grand in-18.
Paroles de vérité, 2e édition. Un volume grand in-18.

Appel au patriotisme et au bon sens. Brochure.
La Déclaration de guerre, 2e édition. Brochure.
Les Réclamations des femmes, 3e édition. Brochure.
La République neutre d'Alsace, 2e édition. Brochure.

OUVRAGES

DE L'AUTEUR DES HORIZONS PROCHAINS

Au bord de la mer, 2e édition. Un volume grand in-18.
Bande du Jura. — Les Prouesses, 2e édition. Un vol. gr. in-18.
— Premier voyage, 2e édition. Un volume grand in-18.
— Chez les Allemands. — Chez nous, 2e édition. Un volume grand in-18.
— A Florence, 2e édition. Un volume grand in-18.
A Constantinople, 3e édition. Un volume grand in-18.
A travers les Espagnes, 2e édition. Un volume grand in-18.
Camille, 3e édition. Un volume grand in-18.
Les Horizons célestes, 9e édition. Un volume grand in-18.
Les Horizons prochains, 8e édition. Un volume grand in-18.
Voyage au Levant, 4e édition. Deux volumes grand in-18.
Les Tristesses humaines, 5e édition. Un volume grand in-18.
Vesper, 4e édition. Un volume grand in-18.

IMPRIMERIE CENTRALE DES CHEMINS DE FER. — A. CHAIX ET Cie,
RUE BERGÈRE, 20, A PARIS. — 3078-9.

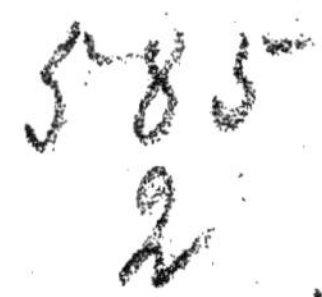

LA BIBLE

II

IMPRIMERIE CENTRALE DES CHEMINS DE FER. — A. CHAIX ET Cie,
RUE BERGÈRE, 20, A PARIS. — 3078-9.

LA

BIBLE

PAR

LE Cte AGÉNOR DE GASPARIN

II

PARIS
CALMANN LÉVY, ÉDITEUR
ANCIENNE MAISON MICHEL LÉVY FRÈRES
RUE AUBER, 3, ET BOULEVARD DES ITALIENS, 15
A LA LIBRAIRIE NOUVELLE

—

1879

LA BIBLE

1853.

DISCUSSION DES PRINCIPES,

PROPOSÉE PAR M. SCHERER.

La *Revue de Strasbourg* contient, dans son numéro de septembre, un article de M. Scherer intitulé : *Réponse aux Archives du Christianisme*. L'auteur y pose la grande question de principe, celle qui fait le fond de tous nos débats avec la nouvelle école : la question de l'autorité. Il soutient que l'attestation divine, même la plus incontestable et la plus directe, ne peut pas rendre vraie à nos yeux une proposition dont nous n'avons pas reconnu la vérité intrinsèque. Il nous invite à lui répondre et il le fait en termes si graves et si convenables, que nous croirions manquer à un devoir en refusant la discussion.

Commençons par mettre hors de cause les points sur lesquels nous sommes d'accord.

C'est bien de la suppression absolue de l'autorité qu'il s'agit. M. Scherer le reconnaît avec sa sincérité habituelle. Une fois que la révélation divine ne peut plus être reçue en gros, une fois que le jugement des détails est de notre compétence, la porte est ouverte à la critique, et personne n'a le droit de lui poser des limites. En tous cas, et quelle que soit la portion du contenu biblique que chacun conservera de la sorte, il la tiendra de sa propre main et non de la main de Dieu. Il ne croira pas parce que Dieu a parlé, il croira parce que sa raison, son sentiment ou sa conscience auront approuvé. La notion de foi, la notion de révélation auront disparu.

Cela est incontestable, et il ne faudrait que feuilleter ce même numéro de la *Revue de Strasbourg*, pour voir jusqu'où la critique est entraînée dès qu'elle a renversé la grande barrière : « Ce que Dieu déclare vrai, est vrai. » — L'infaillibilité de Jésus-Christ n'arrête pas un instant M. Kayser dans sa démolition du livre de Daniel. Le témoignage solennel rendu par le Sauveur à ce livre, témoignage attesté par trois évangiles, ne semble pas même digne d'être pris en considération! Rien de plus simple : accepter un fait parce que Jésus-Christ l'affirme, ce serait reconnaître le principe de l'autorité. L'homme ne doit-il pas apprécier les choses en elles-mêmes, abstraction faite de toute garantie divine? Le subjectivisme se renierait, s'il suivait une autre marche ; aussi va-t-il devant lui à travers les ruines... et nous ne sommes pas au bout!

Notre conviction est donc celle de M. Scherer sur ce premier point : la portée de la question. Elle ne s'en écarte pas davantage sur un second point : la valeur de la loi morale et de la loi intellectuelle qui existe en nous.

Oui, la foi due aux arrêts de notre conscience et de

notre raison forme la base même de la certitude. Si rien n'est certain en nous, il nous sera impossible d'être certains de rien hors de nous. La foi à l'autorité a pour fondement la foi que nous avons à nous-mêmes, ou du moins à certaines lois placées en nous-mêmes, et que la chute n'a pas ruinées. Nous n'avons pas protesté moins énergiquement que M. Scherer contre les déclarations peu sensées dont la raison humaine est souvent l'objet; nous avons montré qu'aucune croyance ne saurait s'élever sur le scepticisme.

Mais voici où nous nous séparons : selon M. Scherer, l'homme n'a pas seulement en lui un instrument de certitude; cet instrument ne connaît pas de limites et ne cesse dans aucun cas de fonctionner infailliblement. Selon M. Scherer, en outre, il est contraire aux règles de notre conscience et de notre raison, d'admettre, en vertu d'un témoignage suffisant, des faits ou des idées dont elles n'ont pas constaté directement la vérité.

Là sont les deux erreurs immenses, source inépuisable du rationalisme sous toutes ses formes ; deux erreurs qui réellement n'en font qu'une, car on a besoin de se créer une humanité sans fautes et sans limites, pour refuser de croire ce que Dieu dit, par cela seul que Dieu le dit.

Ainsi, la question entre nous reste bien posée. — Il ne s'agit pas de savoir si les bases de la certitude sont en nous, si notre raison et notre conscience sont dignes de foi. — Il ne s'agit pas non plus de savoir si Dieu a parlé en fait, ou s'il n'a pas parlé; si nous avons raison ou tort de considérer la Bible comme étant sa Parole.

Il s'agit uniquement de savoir, d'abord si la raison et la conscience sont en mesure de juger infailliblement *toutes* les questions ; ensuite si la raison et la conscience s'élèvent contre l'admission de choses qu'elles n'ont pas appréciées, qui les dépassent ou qui leur répugnent, mais qu'elles reconnaissent avoir été attestées par Dieu même.

Notre raison et notre conscience sont-elles toujours infaillibles? Avons-nous, par conséquent, le droit de repousser comme fausse ou mauvaise toute proposition rejetée par l'une ou par l'autre?

Il semble qu'une telle question ne devrait pas même être posée, car les erreurs constatées de la raison et de la conscience remplissent l'histoire de l'humanité. — Si nous avions vécu au moyen âge, nous aurions tous, y compris M. Scherer, protesté énergiquement, au nom de notre raison, contre la rotation de la terre et contre les antipodes; nous aurions tous couru grand risque d'approuver énergiquement, au nom de notre conscience, l'intolérance et l'esclavage. Si nous appartenions à la nation des Ashantis, au lieu d'être nés sous l'influence de la civilisation chrétienne, il est probable que les hideux massacres de prisonniers ne révolteraient pas notre conscience, et que les *coutumes* célébrées à Coumassie satisferaient notre raison.

Qu'est-ce à dire? Retirerions-nous maintenant ce que nous avions commencé par accorder? La conscience et la raison ne mériteraient-elles aucune confiance réelle? Telle n'est certes pas notre conclusion. Nous constatons seulement que la certitude des arrêts de la conscience et de la raison dépend de l'exactitude des données qui sont soumises à la raison et à la conscience. Quand les données sont complètes et vraies, l'arrêt est bon; quand les données sont incomplètes et fausses, l'arrêt ne peut pas être infaillible; de là vient que la raison fournit plusieurs réponses successives à certains problèmes scientifiques, à mesure que les éléments de ces problèmes se modifient sous l'effort de l'observation. De là vient que la conscience fournit plusieurs réponses successives à certains problèmes moraux, à mesure que l'élément introduit par les usages, par la superstition, par l'éducation, par l'opinion publique, se modifie sous l'influence d'un courant d'idées plus saines.

Il y a donc, pour les arrêts de la conscience et de la raison, toute une échelle descendante qui, partant de la certitude absolue, aboutit à l'erreur constante. A l'une des extrémités de l'échelle figurent les questions simples dont les données, peu nombreuses et peu mystérieuses, sont à la disposition de l'homme dans tous les temps et dans tous les lieux. A l'autre extrémité se trouvent les questions compliquées, où entrent comme éléments, tantôt une longue série de recherches, tantôt des idées qui excèdent la portée de l'esprit humain, tantôt des sentiments faussés par la chute et fortifiés par leurs propres conséquences, par les usages abominables, les religions grossières, l'opinion publique corrompue.

Cela posé, il nous reste à réfuter la seconde erreur que nous avons signalée. — De même que la supposition d'une raison et d'une conscience sans limite et sans égarements possibles, se trouve nécessairement à la base de la thèse qui soumet à leur appréciation souveraine toutes les propositions de détail; de même la thèse qui refuse expressément de croire Dieu plutôt qu'elles, repose sur une supposition nouvelle, complément obligé de la précédente. Ici, l'infaillibilité perpétuelle et absolue de la conscience et de la raison ne suffirait plus, car, entre leur témoignage infaillible et le témoignage opposé, mais non moins infaillible de Dieu, rien ne prouverait que le premier doit l'emporter. Il faut admettre, qu'en matière religieuse, la certitude qui s'attache aux arrêts de la conscience et de la raison est plus grande que celle qui s'attache à la révélation divine. Il faut imaginer que notre conscience et notre raison nous ordonnent, elles-mêmes, de les préférer alors à la parole de Dieu.

Eh bien c'est précisément l'inverse qui est vrai. Les déclarations de notre raison et de notre conscience, sur les grandes questions qui forment le domaine de la foi, se rangent parmi celles qui manquent absolument de certitude, parce que leurs données sont à la fois très incomplètes et très faussées ; leurs déclarations, au contraire, sur les droits et la réalité de la révélation divine, se rangent parmi celles qui revêtent un caractère de pleine certitude, parce que leurs données sont ou très simples, ou très complètes, et que rien ne peut les fausser.

Un mot à l'appui de chacune de nos deux assertions.

Et d'abord, comment a-t-on pu imaginer d'attribuer une valeur absolue à nos opinions naturelles sur les sujets métaphysiques et religieux? Comment a-t-on pu les transformer en critères de la vérité? Faits et principes s'y opposent également. Les faits, car il n'est personne qui, après avoir pénétré dans l'histoire des systèmes humains relatifs à Dieu, à ses rapports avec l'homme, à la création, aux destinées futures du monde et de l'humanité, n'ait eu le sentiment d'avoir mis le pied dans une maison de fous. Aujourd'hui même, à côté de la Bible qui l'éclaire, lorsqu'un homme, d'ailleurs capable, essaye une reconstruction dogmatique, il arrive à des monstruosités. Parmi ces inventions ridicules ou révoltantes, qui changent tous les cinquante ans et qui prétendent toujours à la plus entière évidence, quelle est celle que l'on choisira pour en faire la norme éternelle du vrai? Si la présomption est insoutenable en fait, elle ne l'est pas moins en principe. On ose s'ériger en juge suprême des mystères révélés; on ose déclarer qu'on ne les acceptera qu'autant qu'on les aura approuvés et compris! Or voici quelles sont les données fournies à la conscience et à la raison pour la solution de semblables problèmes : nous ne savons rien ou presque rien de ce qui touche à la nature de Dieu, à ses plans; nous ne saisissons naturellement rien ou presque rien de ce qui touche à l'éternité, à la création, aux destinées et aux rétributions futures; non seulement nous ne possédons pas les données, mais nous faussons celles qui nous sont fournies; nos affections, viciées par la chute, influent sur notre volonté, et résistent ainsi à l'admission de vérités qui rétabliraient notre communion rompue avec le Créateur. Nous ne voulons pas croire, et nous ne croyons pas, et le témoignage de la raison et de la conscience est altéré, parce que la croyance ici a la valeur d'un acte moral qui ne s'accomplit pas sans le libre consentement de la volonté humaine.

Les choses donc qui sont l'objet de la révélation, appartiennent aussi peu que possible à la compétence de notre conscience et de notre raison, surtout de la dernière; tandis qu'il se trouve (contraste admirable!) que les droits et la réalité de la révélation, figurent au nombre des choses que la raison ou la conscience peuvent trancher avec la plus entière certitude. Ici les données sont complètes et intactes. — Il nous est impossible de concevoir Dieu autrement que comme incapable de se tromper et de nous tromper. Par conséquent, l'idée de révélation emporte celle d'infaillibilité absolue. — Quant au fait de révélation, il n'existe pas de donnée plus décisive au monde que les miracles accomplis par Moïse, prodiges qui certifiaient sa mission en qualité d'organe de l'Éternel : les plaies d'Égypte, le passage de la mer Rouge, l'eau jaillissant du rocher, la manne tombant pendant quarante ans, toujours avec cessation le septième jour et redoublement le sixième; il n'existe pas de donnée plus décisive au monde que la vie, les œuvres, les discours, la mort et la résurrection de Jésus-Christ. Nous ne ferons pas à nos lecteurs l'injure d'insister sur la lumière éclatante qui accompagne un tel fait, lequel certes « ne serait pas monté au cœur de l'homme », et à l'égard duquel la raison et la conscience de l'homme se prononcent avec l'assurance la mieux fondée.

Les données, complètes quant au fait, ne le sont pas moins quant à sa transmission. Les Juifs possédaient la certitude historique dans sa plénitude, puisque leurs prophètes, dont la mission était attestée par des miracles, attestaient à leur tour la vérité de leurs annales sacrées. Les chrétiens possèdent la certitude historique dans sa plénitude, puisque les documents qui leur ont été confiés, portent en eux des marques admirables de leur vérité divine. (Pour ne rien dire de ce trait capital de l'enseignement du Sauveur : La révélation procède par voie d'écrits infaillibles, infailliblement recueillis).

Ici donc tout est simple; aucune donnée ne manque ; aucune n'est faussée par les affections corrompues de l'homme, qui auraient poussé dans un sens diamétralement opposé. Lorsque la raison et la conscience affirment le fait de la révélation et ses droits, elles affirment avec la perfection de la certitude. Notre cœur gâté par la chute, notre volonté dévoyée, empêchent seuls que cet arrêt ne soit prononcé dans le for intérieur de chaque homme; mais aussitôt que le Saint-Esprit nous a mis en état de triompher des résistances du cœur rebelle, dès que nous avons choisi la bonne part, notre conscience et notre raison certifient le fait de la révélation biblique, avec une clarté que ne dépassent pas les notions les plus élémentaires, les plus universelles et les plus incontestables de notre intelligence.

Aussi la conséquence ne se fait-elle pas attendre. — Puisqu'il y a une révélation divine; puisqu'elle ne peut pas nous tromper; puisque nous pouvons nous tromper nous, puisque nous nous trompons toujours quand il s'agit des sujets dont traite cette révélation, il est absurde de soumettre l'infaillible à la juridiction du faillible, et de contrôler les dogmes révélés au moyen des notions que se forment, en pareille matière, une conscience et une raison dépourvues des notions nécessaires. C'est notre raison elle-même qui se révolte, si nous refusons d'accepter ce qui la blesse. Rien n'est plus contraire à la raison et à la conscience, que de nous réserver l'appréciation détaillée et intrinsèque des choses que Dieu révèle.

On le remarquera, nous ne traitons pas la question de savoir jusqu'à quel point nous sommes assurés que chacun de ces détails a été effectivement révélé. Telle n'est pas la question posée par M. Scherer, question dont nous n'avons garde de nous écarter. Nous supposons une révélation incontestable, non seulement dans sa réalité générale, mais dans ses moindres détails; nous supposons le ciel ouvert et l'Éternel nous parlant lui-même. La thèse de M. Scherer est, qu'en pareil cas, en présence de Dieu, à l'ouïe de ses paroles, aucun doute n'existant au sujet de leur origine, si quelqu'une de ces paroles choque notre conscience, contredit notre raison ou seulement la dépasse, nous devons la rejeter. M. Scherer va plus loin : non seulement nous devons la rejeter, mais il nous est impossible de faire autrement! Nous nous trompons nous-mêmes, quand nous nous imaginons croire ce qui nous répugne ou ce que nous ne comprenons pas! On ne croit que ce qu'on a approuvé; on ne croit que ce qu'on a compris! Accepter un dogme sur la foi d'une autorité, fût-elle divine, c'est avaler une pierre en se disant qu'elle est un aliment. Or, en dépit des sucs gastriques, la pierre restera pierre, et nous ne parviendrons jamais à nous l'assimiler!

La réponse est aisée. — Ce que vous déclarez impossible se fait chaque jour. Nous croyons, sur la foi de l'Écriture, des choses qui heurtent et dépassent de partout notre intelligence. Notre raison nous déclare qu'il est raisonnable de se fier à Dieu plutôt qu'à elle. Nous croyons si bien, que nous sommes effectivement nourris. La Bible nous édifie par ses mystères comme par ses parties les plus accessibles. Nous nous assimilons ce que nous ne pouvons expliquer. Et ceci n'est pas une expérience personnelle, exceptionnelle en quelque sorte : c'est l'expérience de tous les chrétiens depuis qu'il y en a. Où est-il, celui qui n'a reçu que ce qu'il avait compris ou approuvé? Où est-il, celui qui n'a pas été édifié, renouvelé dans tout son être moral par ces choses, précisément, qui ont été reçues en vertu de l'autorité divine, qui confondaient sa raison, qui effarouchaient parfois sa conscience, et dont il n'a commencé à voir ou à entrevoir le parfait accord avec le vrai et le juste, qu'après les avoir crues sur le seul témoignage de Dieu?

Singulières théories, que celles auxquelles nous avons affaire. Elles se posent, elles s'affirment, et ne se démontrent en aucune façon. On ne nous en signale les indices ni dans l'analyse psychologique, ni dans les faits.

Ainsi M. de Bunsen écrit : « La révélation révèle la vérité, mais elle ne la crée pas; la vérité doit être vraie en elle-même. » — Vous applaudissez; rien n'est plus incontestable et plus incontesté. Mais quelle surprise sera la vôtre, quand vous lirez la fin de la phrase : « Et si la vérité est vraie en elle-même, dans sa substance, et non pas en vertu d'une autorité extérieure quelconque, elle doit être intelligible pour la raison ! » Pourquoi cela? on ne nous le dit pas. Il vaudrait cependant la peine de nous expliquer par quel motif des vérités, d'ailleurs très vraies, vraies en elles-mêmes, dans leur substance, et nullement créées par la révélation, n'auraient pas le droit d'être inintelligibles pour nous. Notre raison serait-elle illimitée, par hasard; et sans parler des mystères révélés, ne sommes-nous pas entourés de mystères à la fois très *vrais* et très *inintelligibles;* ne croyons-nous pas tous, sur l'autorité de l'observation et de la science, à des faits que notre raison ne comprend en aucune façon? Qu'y a-t-il donc d'absurde à croire sur l'autorité de la révélation, d'autres faits que nous ne comprenons pas davantage ?

Plus nous respectons M. de Bunsen, plus nous sommes tenus de signaler ce qu'un chrétien aussi éminent concède à la nouvelle école, sous l'influence du mouvement des esprits en Allemagne. Nous constatons que sa théorie sur ce point est une affirmation, rien de plus. — Celle de M. Scherer, qui s'y appuie, est également dépourvue de preuves.

A l'entendre, le Créateur, lorsqu'il nous a donné la raison et la conscience, aurait établi un rapport direct entre elles et chaque vérité considérée isolément, tandis qu'il semblerait avoir supprimé tout rapport entre elles et la vérité collective, nommée Révélation ; de sorte que nous ne serions pas aptes à accepter raisonnablement les vérités en bloc, sur une attestation suffisante ! — A l'entendre, la révélation, si elle existe, semblerait ne devoir renfermer que des vérités immédiatement saisissables ! — Comment? Pourquoi? En vertu de quel principe divin ou humain? Silence complet à cet égard. Ceci est encore un axiome !

Le principe existe cependant, car il n'y a pas d'effet sans cause; mais il est d'une telle nature, qu'on n'ose ni se l'avouer ni le définir clairement. On en aurait horreur, si on l'appelait par son nom.

Le seul homme auquel on aurait le droit de dire : « Vous jugerez en détail la révélation certaine de Dieu; vous rejetterez tout ce qui ne vous agréera pas et tout ce que vous n'aurez pas compris », c'est l'homme sans péché et sans ignorance ; l'homme dont la raison et la conscience possèdent des données complètes sur tous les sujets terrestres et célestes; l'homme chez lequel ces données ne sont jamais faussées par des affections que la chair a corrompues; c'est l'homme parfait ; nous ne disons pas assez : c'est l'homme-Dieu.

L'homme prenant la place de Dieu ! Lorsqu'on examine le rationalisme de tous les temps, spécialement le rationalisme subjectif de la nouvelle école, il faut toujours en revenir là.

1854.

ENCORE M. SCHERER.

I.

Il y a plaisir et profit à discuter avec M. Scherer. Esprit loyal et simple, étranger à toute déclamation, M. Scherer arrive naturellement à la formule la plus exacte de ses doctrines. Que deviendrions-nous si, au lieu d'avoir affaire à un adversaire tel que lui, nous en étions réduits à nous débattre avec certaines cervelles germaniques où cohabitent le oui et le non, le pour et le contre! Que deviendrions-nous (j'ose l'ajouter), si nous n'avions devant nous que cette quasi-théopneustie dont les ravages s'étendent chaque jour! On nous dirait, très sincèrement, qu'on respecte la Bible, qu'on reçoit la Bible, que la Bible est la Parole de Dieu; et en même temps on se réserverait de remanier le canon, et en même temps on trouverait fort légitime de faire planer sur toutes les portions historiques de la Bible un soupçon général d'erreur, et en même temps on érigerait le sens intime en juge, en garant suprême de l'inspiration!

Hélas! voilà l'histoire de beaucoup de docteurs orthodoxes, aujourd'hui. Je dis les docteurs, je ne dis pas encore les fidèles. Mais leur tour allait venir, lorsque le Seigneur, dans sa bonté, a permis qu'une attaque plus nette et plus conséquente ouvrît les yeux des chrétiens. Il était temps. M. Scherer n'aura fait un moment notre péril, que pour faire notre salut.

Et je l'espère, ce qui est vrai de nous, sera vrai de lui. M. Scherer me permettra bien de persévérer dans un espoir qui est fondé sur mon estime. Oui, M. Scherer a assez de conscience, assez de supériorité, pour reconnaître un jour son égarement. L'article qu'il vient de publier et auquel je m'empresse de répondre, augmente ma confiance sur ce point. On y distingue, à côté du dialecticien qui ne peut s'empêcher de poser les questions dans leurs véritables termes, l'homme sérieux encore imbu de croyances chrétiennes, qui s'effraye des conséquences les plus directes de ses propres principes, et qui voudrait les désavouer. Mettre en évidence une lutte qui honore M. Scherer, une contradiction d'autant plus frappante qu'elle se produit dans une intelligence très logique, ce sera obtenir un double résultat: M. Scherer ne pourra s'empêcher d'examiner de nouveau ses principes, lorsqu'il verra qu'il n'y a pas moyen de les séparer de leurs conséquences, et les hommes qui, de près ou de loin, le suivent dans la voie fatale où il s'est engagé, apercevront l'abîme qui les attend. Que de gens changeraient de route, s'ils savaient où la route aboutit!

Qu'on me pardonne les réflexions auxquelles je viens de me livrer. Elles m'ont été dictées par mon cœur.

Je rends grâce à Dieu du caractère qu'a conservé jusqu'ici notre discussion : je tâcherai qu'il ne se perde pas par ma faute.

Rappelons en deux mots le sujet du débat.

Ce sujet, c'est la question par excellence, la question autour de laquelle se sont, depuis quelques années, livrées tant de batailles : la question de l'autorité.

Mais c'est la question de l'autorité, envisagée par une seule de ses faces.

Elle en a deux, comme chacun sait. — Au point de vue de Dieu et des preuves qu'il nous a fournies à l'appui de sa révélation, il y a tout un ensemble d'arguments à présenter ; je ne m'en occupe pas ici. — Au point de vue de l'homme et de sa compétence pour apprécier la révélation divine, il y a à peser les droits de notre sens moral et de notre raison. Tel est le terrain bien circonscrit sur lequel s'engage notre controverse actuelle.

M. Scherer ne se trompe nullement, en attribuant une importance considérable à cette question. Elle n'est pas seulement essentielle, elle prime toutes les autres, car on ne peut en aborder aucune avant d'avoir résolu celle-là. Il faut savoir si nous avons la faculté d'apprécier quelque chose et jusqu'où s'étend cette faculté, avant d'accepter ou de rejeter quoi que ce soit.

C'est la question préalable par excellence.

Quand on veut la traiter à fond, on découvre qu'elle se subdivise en trois questions successives :

Notre conscience et notre raison ont-elles une compétence ?

Leur compétence est-elle indéfinie et exclusive de toute révélation acceptée en bloc ?

Si leur compétence n'est pas indéfinie et exclusive, à quelles limites s'arrête-t-elle?

Sur la première question, nous sommes d'accord. Je me flatte d'avoir soutenu aussi énergiquement que M. Scherer la compétence de notre conscience et de notre raison. J'ai constamment, et sans hésitation, répudié la phraséologie inintelligente qui, sous prétexte d'humilité, brisait tout lien moral entre la créature et le Créateur. Ce n'est pas à un être sans compétence et sans raison que Dieu fait appel dans l'Ecriture; c'est à un être dont les affections ont été viciées par la chute, qui par lui-même est incapable de croire, parce qu'il ne veut pas se donner, mais que la grâce met en état de dire oui, sans lui ôter jamais la liberté de dire non; c'est à un être qui comprend, qui apprécie par le sens moral comme par l'intelligence les titres de la révélation, et qui n'est retenu loin d'elle que par les répugnances d'un cœur esclave du mal.

Restent les deux dernières questions. Ici nous nous séparons, et je tiens à dire nettement sur quoi.

La compétence de notre conscience et de notre raison est-elle indéfinie? exclut-elle l'acceptation, par cette raison et par cette conscience elles-mêmes, d'une révélation dont le contenu pourrait les dépasser ou semblerait les contredire?

Cette compétence est-elle telle, que les titres prouvant l'origine céleste d'un dogme, ne doivent jamais prévaloir contre la répulsion qu'excite en nous sa nature intrinsèque?

Voilà ce que nous avons eu à débattre. Selon M. Scherer, le contenant ne saurait en aucun cas garantir le contenu, et les doctrines se jugent par leur nature, non par leur origine; ou, si l'on aime mieux (car l'un vaut l'autre et je n'aurai pas de peine à le montrer), quand la nature des doctrines nous répugne, nous devons en conclure que leur origine ne peut pas être divine.

Retenu par le sentiment respectable que je signalais tout à l'heure, M. Scherer s'étonne et s'indigne des conséquences les plus immédiates de son principe. — A l'entendre, j'aurais eu tort de lui attribuer les deux énormités que voici :

« L'attestation divine, même la plus incontestable et la plus directe, ne peut pas rendre vraie à nos yeux une proposition dont nous n'avons pas reconnu la vérité intrinsèque. »

« La conscience et la raison sont infaillibles. »

A la première proposition, M. Scherer en substitue une autre, dont l'apparence est infiniment meilleure, quoique le fond ne diffère en rien. Il n'a garde de rejeter ce que Dieu dit, car Dieu ne saurait mentir ; seulement, si les choses lui paraissent choquantes, il en conclut que Dieu ne les a pas dites.

La seconde proposition est repoussée bien loin ; notre conscience et notre raison se trompent souvent, mais, qu'elles se trompent ou non, elles se font croire par nous : elles produisent la certitude, laquelle est fort distincte de la vérité.

Examinons.

M. Scherer voudrait se persuader qu'il y a une différence entre ces deux déclarations : « Quand Dieu aurait parlé, je ne croirais que ce qui est approuvé par ma conscience et par ma raison. » — « Lorsque ma conscience et ma raison n'approuvent pas, j'en conclus qu'il est impossible que Dieu ait parlé. »

L'une et l'autre cependant reviennent à ceci : « Il n'y a pas de preuve ou d'attestation au monde, qui soit capable de me faire accepter comme vrai ce qui me dépasse et ce qui me choque. »

Un père avait deux fils, encore jeunes, lesquels vivaient éloignés de lui. Il leur adressa une lettre qui renfermait ses instructions. L'aîné dit : « Je reconnais l'écriture de mon père, son cachet, sa signature ; je reconnais aussi celles de ses pensées qu'il nous avait communiquées avant notre séparation, parce que leur simplicité les mettait à notre portée ; je sais enfin que le porteur mérite une entière confiance. Par conséquent, je me soumettrai à tout ce que contient la lettre. Il y a là des choses que je ne comprends pas, à cause de mon ignorance ; mais elles doivent être vraies, puisque mon père les affirme. Il y en a d'autres qui me déplaisent, mais elles doivent être bonnes, puisque mon père les prescrit. » — Le cadet dit au contraire : « Je ne saurais admettre ni ce que je ne comprends pas, ni ce qui blesse mon sens moral ou ma raison ; par conséquent je déclare, en vertu de cet *à priori absolu* qui est en moi, que la lettre qui contient de telles assertions et de tels ordres ne peut venir de mon père. »

Trouvez-vous qu'un tel langage s'éloigne beaucoup de celui d'un enfant qui aurait dit en propres termes : « Quand même j'aurais vérifié l'écriture et le seing, quand même l'origine de la lettre serait incontestable à mes yeux, je n'en persisterais pas moins à n'admettre que ce que je comprends et approuve. »

L'une des formes est plus respectueuse, mais le résultat demeure identique. Aucun homme ne proclamera expressément sa résistance aux ordres divins qui lui déplaisent ; on se bornera toujours à annoncer que partout où notre sentiment moral proteste, Dieu n'a pas parlé, que notre approbation est la condition *sine quâ non* de notre croyance.

C'est précisément à cause de cela que je tiens à traduire ces formules en une formule équivalente, dont le mérite est d'enlever à l'homme révolté son dernier prétexte, de détruire les hypocrisies involontaires dont il cherche à s'envelopper, de le montrer debout en face de son Créateur, osant lui déclarer qu'il ne le croira qu'autant qu'il l'aura approuvé et compris. Entre le fils qui dirait : « Quoique ce soit mon père, je résiste à ce qui me blesse, » et celui qui dit, sans autre examen : « Cela me blesse, donc ce n'est pas mon père qui a écrit, » je n'aperçois qu'une nuance de respect; la théorie et la conduite sont les mêmes. Ne souffrons pas que le second s'imagine qu'il se distingue profondément du premier.

Ceci est sérieux. Il ne s'agit pas seulement de M. Scherer, de M. Secretan, ou de tels autres rédacteurs de la *Revue de Strasbourg* qui s'élèvent contre l'idée même d'autorité, contre toute acceptation en bloc sur la garantie de Dieu, qui veulent que les doctrines soient citées une à une devant notre tribunal et n'en sortent acquittées qu'autant qu'elles y ont fait reconnaître leur mérite intrinsèque; il s'agit d'une tendance presque universelle vers le subjectivisme, tendance à laquelle des esprits tels que Vinet s'étaient laissé entraîner, et qui menace de ruiner jusqu'aux moindres vestiges du dogme fondamental de la révélation. Une révélation, en effet, n'est autre chose qu'un ensemble de vérités, vérités vraies en vertu de leur origine, non en vertu d'un examen détaillé.

Si nous voulons replacer enfin notre pied sur le roc, il faut aborder de front le débat, et ne pas lâcher prise, avant d'avoir éclairci tout ce qui pourrait demeurer obscur. Aussi vais-je m'attacher à prouver, par un certain nombre de citations, que je n'ai rien attribué à M. Scherer et à la nouvelle école, qui ne figure parmi leurs principes essentiels.

Je pourrais me contenter d'en appeler à l'article même que je réfute en ce moment. « L'approbation intérieure donnée à la parole de Dieu est précisément la preuve, *la seule preuve*[1] que Dieu a parlé. » (*Revue de Strasbourg*, tome VIII, page 377.) M. Scherer n'a pas pu s'empêcher de reproduire sa théorie, à l'instant où il pensait la répudier. Il n'a pas vu que si l'approbation intérieure est *la seule preuve* que Dieu ait parlé, toutes les preuves de ce grand fait, les plus fortes, les plus convaincantes, les moins contestables, échoueront devant nos répugnances personnelles. Que Dieu parle ou non, il n'importe! l'approbation intérieure décide seule du vrai et du faux ; l'homme reste sur le trône. Je n'ai jamais voulu dire autre chose.

Mais ne nous arrêtons pas à une phrase. A qui n'échappe-t-il pas quelques observations hasardées? Voyons l'ensemble des travaux de M. Scherer sur ce point.

Dès le commencement de la crise dont il a donné le signal, M. Scherer a posé, avec sa netteté ordinaire, le principe auquel il comptait en appeler désormais. Son article intitulé : « De l'autorité en matière de foi » (tome I, pages 66 et suivantes) s'explique clairement là-dessus.

« Il importe, dit-il, de définir le mot d'autorité, dès l'entrée de la discussion où nous nous engageons.....

1. C'est moi qui souligne partout.

l'autorité est tout ce qui détermine une action ou une opinion par des considérations étrangères à la valeur intrinsèque de l'ordre intimé ou de la proposition énoncée... » M. Scherer a soin d'ajouter qu'on croit par autorité, lorsqu'on admet un dogme *par cela seul que l'Écriture le renferme.*

C'est bien cela. Aussi M. Scherer, quand il oppose plus loin la foi à l'autorité, s'exprime-t-il en ces termes : « L'autorité et la foi sont deux méthodes religieuses opposées. L'autorité, en cette matière, est la prétention d'un système religieux de s'imposer aux hommes en vertu d'un caractère purement extérieur ou objectif; par conséquent l'autorité suppose un assentiment extérieur aussi et *qui porte moins sur la vérité enseignée que sur son garant,* c'est-à-dire sur le fait même de l'autorité. La foi, au contraire, est la perception subjective de la vérité; c'est pourquoi elle suppose, comme son objet direct, *une vérité qui se propose au nom de son évidence propre et n'en appelle qu'à sa valeur intrinsèque.* »

Puis M. Scherer, mettant à part la question de savoir si Dieu a institué, réellement, une révélation faisant autorité, se demande si une semblable autorité n'est pas radicalement impossible. Et il répond par l'affirmative! Selon lui, « les idées d'autorité et de foi s'excluent réciproquement. Comment, en effet, croire par autorité, si la foi implique une adhésion à une vérité, *en raison de la nature même de cette vérité,* et si l'autorité implique, au contraire, une adhésion déterminée par des considérations étrangères aux mérites intrinsèques de la vérité qu'il s'agit d'accepter. »

Voilà bien une fin générale de non-recevoir contre l'idée même d'autorité. A un homme qui pense ainsi, vous prouveriez en vain que Dieu a parlé, que Dieu parle; il regarderait au dedans de lui, et vous répondrait froidement: « Dieu n'a pas parlé, car je n'approuve pas. »

M. Scherer, au reste, ne recule pas devant le développement de son système. Suivant, dans l'histoire, l'idée d'autorité, il la montre qui passe du catholicisme aux églises réformées. « *Le siège seul en fut déplacé, et l'Écriture prit la place de l'Église.* » C'est ce qui l'indigne : « Le point de départ, c'est-à-dire l'autorité elle-même, le fait de son existence, peut être livré à l'appréciation; *seulement, une fois cette autorité reconnue comme telle, il faut nécessairement s'y soumettre sans plus examiner.* De cette manière, il y aurait adhésion consciente à l'origine, et cependant *il y aurait, si j'ose m'exprimer ainsi, adhésion en bloc.* On croirait, mais *on croirait une fois pour toutes, et en renonçant d'avance à tout bénéfice d'inventaire.* »

M. Scherer poursuit enfin l'idée d'autorité dans sa dernière manifestation. Ce n'est plus le catholicisme disant : Croyez, parce que l'Église affirme. Ce n'est plus même le protestantisme disant : Croyez, parce que Dieu révèle dans l'Écriture. C'est le rationalisme supranaturaliste qui, désertant le canon et la théopneustie, se contente d'insister sur l'autorité générale des portions religieuses de la Bible et particulièrement sur l'autorité de Jésus-Christ. Il y a là encore un système d'autorité, car ce système suppose l'acceptation implicite de tout ce qui pourra être reconnu comme émanant du Seigneur. — Eh bien, la nouvelle école est inflexible. Écoutez :

« Pour apprécier cette argumentation, il faut se représenter un exemple concret d'autorité religieuse, c'est-à-dire un cas dans lequel il y ait dualité entre un élément de l'enseignement de Jésus-Christ et la conscience religieuse, entre l'objet proposé à la foi et à la foi elle-même. Cette dualité se présente différemment, selon que l'enseignement dont il s'agit est contraire à la conscience ou lui est seulement étranger. — *Si la conscience religieuse reconnaît, dans la doctrine qui lui est proposée, un objet qui se trouve en désaccord avec son sentiment intime et sa nature elle-même, elle le repousse spontanément. La conscience religieuse a, comme la conscience morale, un* à priori *absolu, en vertu duquel elle déclare faux tout ce qui lui porte atteinte. Je ne puis pas plus admettre un dogme qui jure avec ma conception des perfections divines, que je ne puis me soumettre à un prétexte qui offense en moi le sentiment du bien et du mal.* »

Et l'auteur cite des dogmes qui sont tels à ses yeux, qu'aucune considération ne parviendrait à triompher des protestations de sa conscience. Fera-t-il grâce, du moins, à ceux qui, sans la blesser, lui demeurent étrangers?

« *Il s'agit de savoir si, dans ce cas, l'âme doit accepter, et accepte en effet, un enseignement* SUR LA FOI DE CELUI DONT IL ÉMANE. *Je crois que cela n'a lieu ni en droit, ni en fait.....* La conscience morale n'est pas moins souveraine, pour reconnaître ce qui lui est étranger, que pour reconnaître ce qui lui est contraire; elle n'a pas seulement qualité pour repousser ce qui lui porte atteinte, mais aussi pour repousser ce qui ne lui est pas homogène..... Ce qui ne réveille pas d'assentiment dans l'âme, ne saurait être un objet de foi pour cette âme, et *bien loin d'être tenue d'admettre une doctrine qui lui serait étrangère, elle se conforme à un instinct sacré en la rejetant.....* En résumé, la confiance dans la parole de Jésus-Christ, qui découle de la foi en la personne de Jésus-Christ, ne peut déterminer l'acceptation d'une doctrine qui est reconnue comme irréligieuse, ou qui n'est pas reconnue comme religieuse. *Lorsqu'un élément de ce genre se rencontre dans l'enseignement du Seigneur, lorsqu'il nous semble proposé par celui-ci comme objet de foi, il en résulte une antinomie entre notre foi en Christ, et l'à* priori *imprescriptible de notre conscience, c'est-à-dire, au fond, entre deux données de notre conscience.* »

Cette revue terminée et tous les systèmes d'autorité successivement démolis, M. Scherer décrit les progrès actuels du subjectivisme.

« Il y a, écrit-il, une majorité et une minorité religieuses. La subjectivité peut rester à jamais endormie ; mais une fois qu'elle s'éveille, qu'elle se reconnaît, qu'elle se prononce dans un individu, *le règne de l'autorité cesse pour cet individu, et désormais, le voulût-il, il ne pourrait plus recevoir comme vérité religieuse, ce qu'il ne pourrait s'assimiler par la conscience et l'intelligence chrétiennes.* »

Nous ne suivrons pas M. Scherer dans les développements où il entre, pour prouver que ceci n'est pas du rationalisme ! Nous sommes médiocrement rassurés par des considérations telles que celle-ci : « Ce n'est pas par voie d'autorité extérieure, et comme enseignés par une révélation, que les principes de l'humilité, du support et des sacrifices ont pris place dans la conscience morale des chrétiens. C'est en vertu d'une virtualité de cette conscience, qui a été réveillée par l'enseignement divin, et qui s'est actualisée sous la parole de Jésus-Christ..... »

Il était nécessaire d'analyser avec soin ce morceau

capital sur l'autorité en matière de foi. J'examinerai plus légèrement les publications qui ont suivi, me contentant de montrer qu'elles comprennent, bien loin de la retirer, l'effrayante théorie si carrément posée au début.

Je saute par-dessus divers articles qui me fourniraient des arguments, notamment celui relatif à la théologie moderne en Angleterre. — Mais voici de nouveau une étude qui porte à plomb sur notre question; elle est intitulée « La crise de la foi » (tome III, pages 98 et suivantes).

« L'opposition de l'autorité et de l'examen prend une signification particulière dans le domaine religieux, et spécialement dans la théologie protestante. L'autorité en matière de foi, c'est encore une considération étrangère à la vérité même de la vérité, mais ce n'est plus seulement l'ascendant du nombre ou du nom, du caractère ou du talent. *Le vrai nom de l'autorité, sur ce terrain, c'est la preuve externe et l'admission en bloc, à l'exclusion de l'appréciation interne et de la critique de détail. Il s'agit essentiellement d'obtenir une adhésion, sans bénéfice d'inventaire, à tout un système de doctrine.* Pour obtenir cette espèce de blanc-seing, on cherche à donner au christianisme un point d'appui en dehors de lui-même et du croyant, et l'on croit trouver ce point d'appui dans un fait historique, à savoir, le témoignage, *que ce soit d'ailleurs celui de l'Église ou de la Bible, celui des apôtres ou du Seigneur lui-même.* »

« Il est impossible d'établir l'autorité du témoin *à priori*, indépendamment du contenu du témoignage, c'est-à-dire indépendamment de l'appréciation du fond... *A supposer que je rencontrasse dans l'enseignement du Seigneur une parole que repousserait mon sentiment intime, je ne dirais pas : « Cette parole est néanmoins » vraie, puisqu'il l'a dite », mais avec plus de droit : « Il ne l'a pas dite, puisqu'elle n'est pas vraie. »*

Voilà bien la formule vers laquelle se réfugie aujourd'hui M. Scherer. N'est-elle pas, je le demande, l'équivalent exact de celle-ci : Aucune révélation extérieure ne prévaudra sur ma révélation intérieure? Y a-t-il une différence entre dire au Seigneur : « Tu n'as pas parlé, car ceci me déplaît », ou lui dire : « Je rejette ceci, que tu aies parlé ou non? » M. Scherer le déclare un peu plus loin : « *Vous supposez un conflit entre la vérité révélée et ma conscience religieuse. Oserez-vous peut-être exiger que j'abdique la conviction que je porte en mon sein de la justice et de l'amour divins?* » Quand la conviction personnelle est décidée à n'abdiquer jamais, que signifient les prétendues réserves en faveur d'une révélation divine? La réalité de cette révélation des dogmes qui déplaisent pourrait-elle être sérieusement appréciée, puisqu'elle est déclarée d'avance radicalement impossible? Écoutons encore M. Scherer :

« La foi à notre nature, à nos facultés, à notre compétence, finit toujours par l'emporter sur une abdication forcée.... La critique de détail a pris la place de l'admission en bloc ; le règne de l'autorité et de la scholastique est passé dans la science..... *La révélation n'est vraie qu'autant qu'elle peut être comprise, ou du moins pensée.* »

M. Scherer a fait l'application des principes qu'il avait proclamés. Dans son travail sur « les miracles de Jésus-Christ » (t. IV, p. 141 et suiv.), il rejette d'emblée, sans autre examen, tous ceux que sa conscience religieuse déclare ou puérils, ou dépourvus d'utilité morale!

Plus tard, il a traité « la question de l'inspiration » (t. VI, p. 154 et suiv.). Sa doctrine fondamentale s'y retrouve sans modification.

« Ce qui ne va pas à l'âme, ce qui n'éclaire, ne touche, ne sanctifie pas l'homme, ce qui ne devient pas en lui un élément de sa vie spirituelle, ne saurait faire partie de la vérité religieuse. »

« Le tout forme *un système d'autorité, par quoi j'entends un système qui, privé de l'évidence produite par l'action même de la vérité religieuse sur l'âme, cherche ses titres à la foi des hommes en dehors de lui-même*, DANS UNE PROMULGATION DIVINE. »

« L'esprit ne reconnaît d'autres lois que les siennes propres, et, s'il s'assimile ce qui lui est semblable, il repousse spontanément ce qui lui est hétérogène. »

« *L'Écriture n'est qu'un autre mot pour l'autorité.* »

« Le judaïsme est un système d'autorité, de légalité, d'Écriture... »

Nous voilà bien prévenus, et nous savons quel accueil attend (indépendamment de tout examen des preuves de son origine) une révélation, quelle qu'elle soit. En effet, une révélation a toujours la prétention de nous révéler quelque chose et d'exiger notre soumission implicite à son contenu. Une révélation repose nécessairement sur la maxime : « Cela est divin, donc cela est vrai. » Elle disparaît nécessairement en présence de la maxime : « Ce que l'homme ne trouve pas vrai ne peut être accepté comme divin. »

M. Scherer oppose l'Évangile à la religion des Juifs. « L'Évangile, dit-il, ne se place jamais et n'a jamais besoin de se placer sous l'autorité d'une promulgation surnaturelle. »

Mais, après Jésus, cette spiritualité s'affaiblit ! Les

apôtres eux-mêmes commencent à s'en écarter. Le Nouveau Testament surgit; les chrétiens ont « une Écriture »; et bientôt le catholicisme entre en formation. — Spirituelle à ses débuts, la Réforme ne tarde pas à subir, elle aussi, le joug de la lettre; « à la place de l'Église, elle met l'Écriture ». C'est ainsi que « la notion de Bible » a passé du judaïsme dans le christianisme; c'est ainsi que le besoin d'autorité a retrouvé « un garant de la vérité, un juge des controverses, un oracle permanent, et, pour tout dire, un code! »

Aujourd'hui, nous échappons au judaïsme, à l'Écriture, au code. L'homme reprend possession de son indépendance, et aucune considération d'origine ne détermine les chrétiens « spirituels » à admettre le moindre dogme étranger à leur conscience religieuse. Le subjectivisme est en progrès, et M. Scherer a la joie de recueillir de la bouche même de M. de Maistre les aveux les plus favorables à la nouvelle tendance. Les voici, tels qu'il les a constatés (t. VII, p. 144) :

« Comment l'homme recevrait-il une vérité nouvelle, s'il ne porte pas en lui une vérité intérieure, une règle innée, sur laquelle il juge l'autre?..... Le but de la révélation n'est que d'amener l'esprit humain à lire en lui-même ce que la main divine y traça; et la révélation serait nulle, si la raison, après l'enseignement divin, n'était pas rendue capable de se démontrer à elle-même les vérités révélées. »

M. de Maistre dit-il ici tout ce qu'il a l'air de dire? N'a-t-il fait que se laisser aller à un de ces excès de langage, à un de ces caprices d'imagination auxquels son esprit mal équilibré et sa demi-science s'abandonnent si aisément? Je n'en sais rien et je m'en inquiète peu.

Ce qui est malheureusement incontestable, c'est l'opinion de M. Scherer sur les droits respectifs de la conscience humaine et de la révélation divine. L'homme n'admet, ne peut admettre quoi que ce soit qui excède ou contredise son sens moral et sa raison !

Avais-je donc tort d'affirmer que les titres les plus authentiques d'une révélation céleste n'imposeraient pas l'acceptation de la moindre particule de dogme à nos modernes rationalistes? Prouvez, ne prouvez pas l'origine de ces dogmes, ils s'en tiendront à ce qu'ils approuvent ; rien de plus, rien de moins.

La dénégation de M. Scherer m'imposait le devoir de ne plus me borner à une assertion. Il fallait démontrer et multiplier les citations. Je n'y ai pas regret. Il n'est jamais inutile de dissiper les illusions que se fait encore une intelligence sincère, fourvoyée dans un déplorable chemin. On s'égare pendant la nuit ; que le jour se lève, on s'aperçoit de son égarement. La lumière est toujours bonne.

Et puis, il est bon aussi d'avertir sérieusement ceux qui obéissent plus ou moins à l'entraînement du subjectivisme. Ils suivent l'impulsion sans s'en rendre compte. Ils savent vaguement que la nouvelle école attaque la Bible ; mais ils ne savent pas que son point de départ est l'*impossibilité absolue d'une révélation obligatoire*. Ceux qui auront lu les extraits que contient mon article y trouveront matière à réflexions. Les difficultés de détail sont à l'arrière-plan, et les objections critiques (si mal fondées d'ailleurs) qu'on oppose aux écrits sacrés, s'expliquent à merveille par le besoin essentiel de supprimer à tout prix ce fait anormal, ce fait impossible en lui-même, ce fait monstrueux : un livre dont toutes les assertions seraient vraies, par cela seul qu'elles y seraient contenues !

II.

Je crois avoir amplement justifié ma première assertion : Le subjectivisme de la nouvelle école est tel, qu'en présence de la révélation divine la plus incontestable, il ne pourrait pas ne point rejeter ce qui choquerait son sens moral ou sa raison.

Il n'est pas nécessaire que je m'arrête beaucoup à la seconde assertion: Le subjectivisme tient donc notre sens moral et notre raison pour infaillibles.

Il me semblait, quant à moi, que, lorsqu'on faisait tant que de préférer ses appréciations personnelles aux déclarations des prophètes, des apôtres et de Jésus-Christ, on était logiquement tenu de considérer ces appréciations-là comme infaillibles. Sur les plus grands mystères, sur la nature de Dieu, sur la chute, sur le Sauveur, sur la rédemption, sur la vie future, on se permet de dire qu'on n'admettra rien qui n'ait été approuvé par la conscience religieuse de l'homme ; on déclare absurde la conduite des chrétiens qui, ayant reconnu la divinité de la révélation, en concluent que son contenu est divin et l'acceptent effectivement; on leur démontre que leur conscience et leur sens moral ne doivent pas croire sur la parole de Dieu; on leur soutient qu'ils s'imaginent croire, qu'ils ne croient pas en réalité; on bâtit la fantastique et trop séduisante théorie en vertu de laquelle toute autorité est absurde en principe, contradictoire en elle-même, fût-ce l'autorité de Dieu et de sa parole; on pousse l'audace jusque-là, et ce n'est pas au nom d'une raison, au nom d'un sens moral infaillibles qu'on agit ainsi!

A la bonne heure! la folie des nouvelles doctrines n'en sera que plus évidente. « Dieu ne peut rien m'apprendre que je n'approuve, bien que mon approbation s'égare sans cesse en pareilles matières! » Ce sera la formule du rationalisme subjectiviste; je ne m'y oppose aucunement.

Seulement, je ferai remarquer qu'il était permis de s'y tromper. Pour ne citer qu'un seul passage de la première «réponse aux *Archives* », le mot emprunté à M. de Bunsen ne semblait-il pas exclure la faillibilité de la raison humaine? Qu'est-ce donc que cette raison, « pour laquelle la vérité *doit* être intelligible », si cette vérité est vraie en elle-même, dans sa substance, et non pas en vertu d'une autorité extérieure quelconque? Cette raison qui saisit la vérité si sûrement, que les vérités révélées qui lui échappent ne peuvent pas être vraies; cette raison, pierre de touche des paroles de Dieu, me paraissait avoir des prétentions à l'infaillibilité.

Elle n'en a pas; nous en prenons note, et nous prions nos adversaires de mesurer les conséquences d'un tel fait. N'est-il pas sensé de se laisser instruire, quand on est si peu sûr de soi? N'est-il pas effrayant de réfuter *à priori* toute révélation qui dépasse ou contredit une raison si sujette aux faux pas? L'être fini en présence de l'infini, l'être faillible en présence de l'infaillible, trouvera-t-il bien difficile de sacrifier sa propre pensée, lorsque le fait de révélation sera suffisamment démontré?

Mais c'est ici que M. Scherer m'arrête, et qu'il me contraint à mon tour de me mettre sur la défensive. — Comment, s'écrie-t-il, parviendrez-vous à démontrer ce fait de révélation? Tout en admettant la compétence de la raison et du sens moral, vous la limitez de telle sorte qu'elle ne saurait vous conduire jusqu'à la vérité absolue! Ainsi que nous, vous êtes obligé de vous contenter de la *certitude*, et de renoncer à la *vérité!*

J'avais répondu d'avance par une distinction que je crois aussi importante qu'elle est peu remarquée. Qu'il me soit permis d'y revenir et de discuter les objections.

Il y a, avais-je dit, deux catégories de questions : celles qui rentrent dans notre compétence, celles qui en sortent. Les premières sont simples, et ne se compliquent ni de données mystérieuses, ni de recherches difficiles, ni de sentiments faussés par la chute; les secondes ont un caractère entièrement opposé.

Cette distinction paraît arbitraire, la délimitation est déclarée impossible! Qui, dit-on, aura qualité pour l'opérer?

Qui? Tout le monde, et vous le premier. Vous tracez chaque jour la limite entre la compétence et l'incompétence humaine. Vous trouvez fort naturel, qu'acceptant les témoignages devant un jury, on y décide par eux des questions de vie ou de mort; vous trouveriez fort ridicule qu'on décidât par les témoignages (et certes, ils ne manquent pas!) les questions de miracle, de prodige, de sorcellerie, que pose à chaque instant une infatigable crédulité. Vous rangez hardiment au nombre des contes à dormir debout une foule d'anecdotes merveilleuses très bien attestées. — Pourquoi cette différence? — Pourquoi? Parce que les questions de fait soumises à un jury rentrent dans notre compétence, parce que nous sommes aptes à constater parfaitement la présence ou l'absence d'un individu, les circonstances de temps et de lieu ; tandis que le surnaturel nous entraîne sur un terrain où nous cessons d'être compétents, car nous nous y trouvons en plein mystère, car nous y perdons notre sang-froid, car nous y subissons la loi des préjugés, car nos opinions préconçues, nos erreurs et celles de nos contemporains y influencent jusqu'à nos appréciations matérielles.

Voilà pour le mystère; voici pour la passion. Restons dans ce même jury qui vient de me servir d'exemple. On y exerce des récusations. Pourquoi cela? Parce que les sentiments qu'inspire ou la parenté, ou l'amitié, ou l'inimitié déclarée, détruisent évidemment notre compétence.

Ce n'est pas tout. Outre la passion et le caractère mystérieux des sujets, l'insuffisance des données met notre raison dans l'impossibilité de prononcer avec sûreté. Si vous assistez aux leçons d'un professeur d'histoire, vous écouterez avec confiance le récit des époques qu'éclairent de nombreux documents ; mais cette confiance vous abandonnera quand il abordera les annales de l'Assyrie ou celles des premières dynasties des Pharaons. Pourquoi cela, encore un coup? Parce que notre compétence cesse, dès que les renseignements nous font défaut.

Je ne vois pas qu'il y ait rien d'arbitraire dans de semblables distinctions. Sans que personne ait charge de trouver la limite entre la compétence et l'incompétence humaine, je crois m'apercevoir qu'elle se trace toute seule et très nettement dans beaucoup de cas. Or, se tracerait-elle avec moins de facilité à l'égard du contenu des saints Livres, où se rencontrent à la fois les trois causes d'incompétence : le mystère des sujets, la passion du juge, l'insuffisance des données ! Personne ne le pensera.

Et je ne dis pas, remarquez-le bien, que l'Écriture ne renferme rien qui rentre dans notre compétence. Je sais, au contraire, qu'elle se met très souvent à notre portée, que notre conscience, que notre raison comprennent et saisissent un grand nombre des enseignements divins, que le témoignage puissant qu'elles leur rendent au dedans de nous est un des grands moyens par lesquels Dieu nous amène à la foi et nous y affermit. Je sais cela; mais je sais aussi que d'autres doctrines dépassent notre portée, et que si nous avions le malheur de vouloir citer le contenu de l'Écriture à notre tribunal, il nous arriverait précisément ce qui arrive à M. Scherer : nous accepterions ce qui correspond à nos facultés, ce qui excite notre sympathie; nous condamnerions ce que nous ne sommes pas capables de comprendre. En d'autres termes, nous ferions un triage, et loin de nous soumettre à la révélation divine, nous n'écouterions en réalité que notre propre révélation.

Oui, l'homme déchu, l'homme borné est incompétent vis-à-vis des mystères; l'homme révolté est incompétent vis-à-vis des doctrines qui lui demandent son cœur; l'homme ignorant est incompétent vis-à-vis des questions historiques que soulève la Bible, questions dont nul ne possédera jamais tous les éléments.

Cela est d'une évidence telle, que je rougis d'avoir eu à le démontrer. Cependant, je n'ai fait encore que la moitié de ma tâche, la moitié la plus aisée en apparence. Incompétents lorsqu'il s'agit de juger le contenu des révélations célestes, serons-nous compétents lorsqu'il s'agira de juger le fait même de révélation ? Est-il aussi facile d'émettre le second jugement qu'il est impossible d'émettre le premier ? C'est ici qu'on m'attend. Expliquons-nous.

Je commencerai par reprendre une comparaison à laquelle j'ai eu déjà recours. — Un père a écrit à ses jeunes enfants une lettre qui, sur plusieurs points, dépasse la limite de leurs connaissances acquises. Lequel sera plus aisé, de reconnaître le cachet du père, sa signature, son écriture, ses sentiments connus, d'interroger l'ami chargé de porter la lettre, ou de procéder à l'appréciation en détail du contenu tout entier, y compris ses parties mystérieuses ? L'aîné des enfants se renferme dans sa compétence, lorsqu'il dit : — Je vais examiner si la lettre est de mon père ; si elle est de lui, j'admettrai comme vrai tout ce qu'elle annonce. — Le plus jeune sort de sa compétence, lorsqu'il répond : — Non, j'ai une conscience et une raison ; ce que je ne comprendrai pas ne peut pas être de mon père ; ce qui me déplaira ne peut pas être ordonné par lui !

Nous sommes précisément dans la situation de ces deux fils. Incapables de juger en lui-même le contenu entier du message de notre Père qui est au cieux, nous sommes très capables de nous assurer que ce message est écrit, scellé, envoyé par lui, et la vive sympathie, la vénération, l'attendrissement que nous cause une grande partie de ce qu'il renferme, achèvent de nous confirmer que nous ne nous trompons pas.

M. Scherer me trouve bien imprudent ! A l'entendre, je n'échapperais à Charybde que pour tomber dans

Scylla. En voulant chercher les preuves du fait de révélation, je me place sur le dangereux terrain de l'histoire, du témoignage ! « L'expédient inventé par M. de Gasparin consacre les droits de la critique au lieu de les anéantir; l'auteur se propose d'enlever la religion aux fondements incertains du sentiment intérieur, et il ne réussit qu'à la placer sur le sable mouvant des études historiques. »

Voilà la crainte de M. Scherer; je tiens à le rassurer sur-le-champ. Le péril n'est pas si grand qu'il l'imagine, et je vais le démontrer en distinguant ce qui est distinct : la révélation directe, la révélation transmise.

A la première seule s'applique la preuve des miracles. Le récit d'un miracle n'est qu'une assertion historique, contestable comme elles le sont toutes ; mais la vue du miracle lui-même a un autre caractère, et il en résulte pour les témoins immédiats une conviction parfaite, légitime, qui met évidemment dans leur compétence le fait de révélation. — Les Israélites, qui venaient de traverser la mer Rouge à pied sec, qui voyaient jaillir l'eau du rocher au contact de la verge de Moïse, qui suivaient la nuée éclatante, qui se nourrissaient de la manne et qui entendaient les foudres de Sinaï, n'avaient pas besoin d'un grand effort de raisonnement pour conclure que les paroles apportées par Moïse, étaient, selon sa déclaration, les paroles mêmes de Dieu. — Les contemporains de Jésus et des apôtres, qui avaient assisté aux guérisons miraculeuses, aux résurrections, à l'accomplissement littéral des prophéties, et qui comparaient la doctrine évangélique aux grossières inventions du paganisme des rabbins ou des philosophes; les contemporains de Jésus et des apôtres prononçaient, en parfaite connaissance de cause, un jugement simple et certain, lorsqu'ils proclamaient le fait de révélation.

Jusqu'ici, la compétence humaine à l'égard de ce fait apparaît aussi claire que l'est l'incompétence humaine à l'égard du contenu de la révélation. Reste à savoir si l'on peut en dire autant de nous, de nous qui n'avons pas assisté aux miracles, de nous qui en sommes réduits au témoignage historique.

Le témoignage historique! il faut assurément que nous y prenions notre point de départ ; seulement nous l'y prenons de telle sorte, que notre raison peut prononcer son arrêt sans la moindre chance d'erreur. Nous n'excédons pas notre compétence en raisonnant de la manière suivante :

Lorsqu'une critique aussi effrénée que celle de l'Allemagne s'arrête devant certains écrits et les déclare authentiques, il est évident qu'ils le sont. Lorsque la même critique s'arrête en présence du fait chrétien et le déclare incontestable, ainsi que ses principales circonstances, il est évident qu'il l'est.

Nous voilà donc en possession d'un point de départ historique ; nous avons l'authenticité d'une partie du Nouveau Testament et la vérité universellement reconnue de la venue de Christ, de son caractère, des traits principaux de son ministère et de sa doctrine. On m'accordera que la raison, que le sens moral parviennent là sans efforts, et ne rencontrent sur leur chemin aucun des obstacles qui s'opposent à l'appréciation du contenu des saints Livres.

Le plus simple bon sens nous déclare ensuite, que Jésus étant tel qu'on le voit d'un commun accord dans les documents, nous ne courons aucun risque à croire ce qu'il a cru lui-même ; et, comme il a cru que la révélation divine procédait par voie de livres infaillibles, infailliblement réunis et conservés, nous prononçons, sans excéder notre compétence, que le canon juif ne renferme point d'erreurs, que le canon chrétien n'en renferme pas davantage.

Ceci encore est fort clair. Notre raison et notre sens moral ne seraient d'aucun usage, s'ils pouvaient se tromper en matière aussi unie. Je n'oserais plus affirmer que je distingue ma main gauche de ma main droite, si je craignais de dire : « Le fait chrétien a défié le rationalisme, donc il est vrai. La supériorité intellectuelle et morale de Jésus a défié la haine des incrédules, donc elle est réelle. Jésus n'a rien affirmé sur lui-même dont il ne fût certain ; Jésus fait sur lui-même une affirmation telle, qu'à moins d'être le mensonge d'un blasphémateur ou l'illusion d'un insensé, elle constitue la déclaration la plus solennelle qui ait retenti sur la terre ; Jésus a affirmé sa divinité, donc il est Dieu. Il est Dieu, donc il ne se trompe pas. Parmi les traits incontestés de son enseignement, figure le témoignage rendu par lui à l'Écriture, donc l'Écriture est effectivement ce qu'elle a été à ses yeux : le mode de révélation adopté par l'Éternel, un mode infaillible. »

Ajoutez maintenant les confirmations innombrables qui sortent du contenu même des Écritures, de cette portion des doctrines révélées qui est à la portée de l'homme ; ajoutez les hommages incessants que l'étude sérieuse est forcée de rendre à cette Bible qu'elle s'efforce en vain de ramener au niveau des livres humains, et vous aurez une conviction aussi ferme, une opération de l'esprit aussi peu compliquée, aussi certaine que celle de l'écolier qui déclare la partie moindre que le tout.

— C'est très bien, répliquera-t-on; mais s'il est vrai que le fait de révélation soit si simple à apprécier, d'où vient que si peu de gens l'apprécient comme vous? Tous les écoliers sont du même avis sur le tout et la partie; tous les hommes ne sont pas du même avis sur les preuves de l'Écriture sainte!

La réponse est aisée. Supposez que les écoliers ne pussent déclarer la partie inférieure au tout sans sacrifier leurs mauvais penchants, sans changer de cœur et de vie; supposez, en outre que, bien que claire en elle-même, la proposition dont il s'agit forçât à en recevoir plusieurs autres qui seraient obscures, gênantes, sujettes à beaucoup de difficultés de détail; supposez enfin que ces difficultés eussent été exploitées, grossies, amoncelées depuis dix-huit siècles entre les écoliers et la formule : «le tout est plus grand que la partie», pensez-vous qu'ils fussent aussi unanimes que tout à l'heure? Pensez-vous qu'un seul eût, par lui-même, la volonté et le courage de voir, de confesser une vérité plus éclatante cependant que le jour?

Non, certes. Et voilà pourquoi, après avoir établi qu'à considérer seulement la raison et le sens moral, la constatation du fait de révélation rentre dans leur compétence la plus élémentaire et la plus certaine, j'ai soin d'ajouter que la thèse change à considérer l'homme entier, avec ses affections viciées par la chute. L'homme ne saurait croire ici qu'avec le secours du Saint-Esprit; l'homme n'est appelé sans doute qu'à un raisonnement très sur, mais les répugnances du cœur mauvais, mais les difficultés de détail l'obscurcissent et lui ôtent ce caractère d'évidence qui, en contraignant notre soumission, lui enlèverait sa moralité.

Ce qui n'empêche pas que je n'aie établi ma double

thèse : incompétence absolue de l'homme à l'égard du contenu de la révélation, compétence entière à l'égard du contenant. La raison et le sens moral, impuissants dans le premier cas, agissent avec sûreté et facilité dans le second. L'homme le plus simple est en mesure de saisir les preuves magnifiques dont le fait de révélation est entouré.

L'homme le plus simple est en mesure, ai-je dit? J'aurais mieux fait de dire que lui seul est en mesure. Cet homme-là comprendra difficilement qu'on prétende avoir, sur le caractère de l'Écriture, une autre opinion que Jésus-Christ; il ne comprendra pas davantage que supposant, sans avertissement, la brusque suppression du mode de révélation consacré par Jésus-Christ, on déclare le Nouveau Testament aussi inferieur à l'Ancien qu'un livre d'homme est inférieur au Livre de Dieu. — La raison et le sens moral tiennent ce langage chez les simples. Quant aux docteurs, ils ont d'autres procédés d'argumentation, et cela ne s'explique que trop : au lieu de se mettre en présence des faits, ils vivent en présence des fantômes. Les traditions d'école jointes aux préventions théologiques troublent l'action de leurs facultés.

Je n'ai garde, leur jetant la pierre, de m'élever au-dessus de ceux qui sont tourmentés par de tels doutes. M. Scherer a supposé, je ne sais pourquoi, que j'avais le privilège de ne pas connaître ces angoisses morales ! Il s'est grandement trompé. Personne n'a été plus labouré et plus travaillé que moi ; personne n'éprouve une sympathie plus réelle pour les âmes qui luttent encore. C'est avant tout à moi que j'ai songé, quand j'ai dit que notre résistance à l'Évangile avait sa source dans notre cœur.

Oui, le cœur, voilà l'ennemi du dedans, celui qui prête la main à l'ennemi du dehors. Dès que, rendus capables par la grâce offerte à tous de nous donner au Seigneur, nous avons cru aux vérités révélées, nous apercevons de plus en plus la distance énorme qui sépare ces deux actes qu'on voudrait confondre : l'appréciation détaillée de tous les faits et de tous les dogmes renfermés dans la Bible, l'appréciation des titres de divinité que porte la Bible elle-même.

Je reviens à M. Scherer en finissant, et j'insiste expressément sur cette circonstance qui caractérise depuis quelque temps sa controverse : le désaveu de ses propres principes.

C'est là un signe excellent et dont je me réjouis. Chez M. Scherer, la contradiction ne s'explique ni par défaut de logique, ni par défaut de sérieux, encore moins par défaut de courage ou de sincérité. Ce qu'il y a chez lui, c'est du malaise, le malaise honorable que causent des doctrines funestes dont on n'avait pas vu d'abord toutes les suites. Un rationalisme conséquent avait proclamé la souveraineté du sens intime, en opposition avec toute révélation extérieure; un sentiment pieux s'épouvante de cette révolte. Une science enivrée d'elle-même avait nié l'infaillibilité de Jésus-Christ, dont la profession de foi théopneustique lui semblait trop évidente et trop gênante; une affection respectueuse et sincère pour la personne du Sauveur proteste contre de tels excès.

A l'aspect du fait que je signale, comment devons-nous agir? Faut-il se taire? Faut-il faire semblant de croire que ce qui est n'est pas ? Non, ce serait trahir en même temps les intérêts du règne de Dieu et les intérêts de M. Scherer. La vérité seule fait du bien; la vérité seule guérit: elle guérit en blessant.

Voilà pourquoi je tiens à signaler encore une des illusions auxquelles se complaît M. Scherer, une des illusions qui le perdent et qui en perdent beaucoup d'autres avec lui. Comme il s'imaginait tout à l'heure qu'il pouvait ériger le sens intime en juge suprême, sans s'élever au-dessus de la révélation divine, il s'imagine aussi qu'il peut concilier certaines critiques avec l'infaillibilité de Jésus-Christ. Il croit n'avoir jamais dit que Jésus se trompe! La réponse que je lui adresse ne serait ni complète, ni sincère, ni digne de lui, si je n'essayais pas de lui ouvrir les yeux sur ce point. Voici quelques citations:

« *Jésus partage les notions de son temps*, et reconnaît, par exemple, une action de Satan dans des maladies que nous rapportons aujourd'hui à des causes naturelles. » (*Revue de Strasbourg*, t. I, p. 155.)

« *On se demande comment le Seigneur a pu* SE METTRE EN CONTRADICTION SI PATENTE AVEC NOTRE CRITIQUE ET NOTRE HERMÉNEUTIQUE, se rattacher si implicitement à une eschatologie et à une démonologie dans lesquelles apparaît bien visiblement la superstition populaire. » (Même page).

« Qui voudrait admettre que Jésus ait prévu dès l'origine, avec certitude, la trahison de celui qui fut placé au nombre des douze. » (p. 156).

« En sa qualité de Messie, il a pu ignorer tout ce qui ne se rapportait pas à son ministère; ce ministère n'était pas théologique, mais religieux. *En sa qualité d'homme, Jésus a dû ignorer, à moins de l'avoir étudié, tout ce dont la connaissance ne s'acquiert pas par le développement moral et intérieur, tout ce qui n'est pas compris dans la relation du vrai et du saint, tout ce qui s'apprend par voie de tradition.* Il n'y a rien de dérogatoire à la dignité du Seigneur à supposer qu'il n'ait pas connu la géologie ni l'astronomie. *Il en est de même des questions d'interprétation et de critique. On ne saurait, dit très bien Tholuck, affirmer d'avance que Jésus* N'AIT PAS PU SE TROMPER *dans des choses de ce genre, ni faire, en parlant, une faute de grammaire ou de chronologie.* » (Ibidem.)

Il semble impossible, remarque ensuite M. Scherer, que Jésus n'ait pas senti ce qu'il y a à dire contre certaines prophéties messianiques, contre le Cantique des cantiques, contre le livre de Daniel. Jésus s'est-il accommodé? a-t-il ignoré? M. Scherer, sans repousser ces deux explications, en propose une bien plus spirituelle et plus mystique : Jésus n'avait de contact qu'avec les questions qui intéressaient directement la conscience religieuse.

« Le reste n'existe pour ainsi dire pas pour lui ; c'est une pure forme qui tombe, qui n'est point, ou du moins sur laquelle sa conscience ne porte pas, parce que c'est un élément qui lui est étranger » (p. 160).

Le judaïsme, en tant que religion véritable, apparaît à Jésus comme de Dieu, « sans qu'il éprouve le besoin de distinguer ». Jésus envisage l'attente messianique comme s'appliquant réellement à lui, « sans se préoccuper du désaccord entre la forme et la réalisation ». Jésus reconnaît dans les possessions démoniaques le lien du péché et de la souffrance, « sans entrer jamais à cet égard, dans des considérations étrangères au point de vue strictement religieux ».

« Il n'y a pas lieu de se demander si Jésus a eu, ou non, la conscience d'une disparité entre le fait historique et le sens qu'il attache à ce fait, *parce que la conscience de Christ, en tant que religieuse, est essentiellement positive ; l'élément négatif n'y a pas place....* » (Ibidem.)

Jésus-Christ « ne se meut pas dans la sphère des questions où se rencontrent la science et l'ignorance humaines ».

Je pense que ces citations suffisent. Il serait facile de les multiplier. Si je prenais, par exemple, le travail que M. Scherer a publié sur les prédictions et sur l'enseignement du Sauveur, j'y montrerais l'application des maximes en vertu desquelles on essaye de convaincre Jésus d'erreur, sans l'en accuser, et de le montrer en proie aux idées fausses de son temps, bien qu'il ne se trompe pas !

— En quel sens Jésus a-t-il prédit sa mort? Il a compris que le martyre est la condition de la lutte entre la sainteté et le monde; il a senti que la mort était la condition de son œuvre! En quel sens Jésus a-t-il prédit la ruine de Jérusalem? Il a eu conscience du rapport nécessaire qui existe entre la révolte et le châtiment! « Jésus ne prévoit pas les faits en vertu de je ne sais quelle toute-puissance abstraite, de quelle omniscience mécanique et d'ailleurs incompatible avec la sincérité de son humanité; il les prévoit en vertu de la profondeur de sa pensée religieuse....» (t. VI, p. 55.)

N'insistons pas. Que le lecteur veuille bien parcourir l'article qui commence à la page 65 du tome septième de la *Revue de Strasbourg* ; il y retrouvera ce Jésus, soi-disant infaillible, qui plane tellement au-dessus des questions qu'il les ignore, et qui participe d'ailleurs aux opinions vraies ou fausses de son temps. Se tromper dans les questions d'interprétation et de critique, se mettre en contradiction patente avec la saine herméneutique, prendre pour divins des livres qui sont de tristes rapsodies humaines, se méprendre avec ses compatriotes sur la révélation quand on est le Révélateur par excellence, ce n'est pas être exempt d'erreurs, au moins selon moi.

La nouvelle école vient d'atteindre un point très particulier de son développement, le point où la franchise du début risque de faire place à un peu d'habileté inconsciente. C'est un moment dangereux, qui exige de nous un redoublement de vigilance et de sincérité. Si M. Scherer et ses amis parvenaient à se persuader que leurs doctrines ne sont pas ce qu'elles sont, ils seraient perdus sans ressource; car ils échapperaient aux nobles inquiétudes qui les tourmentent, grâce à Dieu. S'ils parvenaient à communiquer la même persuasion au public, ils feraient un mal immense; car on cesserait de frémir à la vue de leur enseignement.

Les récentes réclamations de M. Scherer sont significatives sous ce rapport. — Tantôt il oublie ce qu'il a écrit tant de fois sur l'impossibilité absolue et *à priori* de l'autorité, tantôt il oublie ce qu'il a écrit sur les erreurs de Jésus-Christ. Il y a plus, dans l'article même auquel je réponds, je pourrais montrer M. Scherer réduisant son rationalisme (ou paraissant le réduire) à des proportions fort modestes. « L'inspiration, écrit-il, doit être préalablement établie, et l'appréciation du contenu des livres saints est *un des moyens* de l'établir, ou, sinon, de la vérifier. »

Qu'est-ce à dire? Le nouveau système se réduirait-il à demander que les arguments externes ne figurent pas seuls dans la démonstration? Serait-il prêt à reconnaître, qu'à cette condition de la prouver par des considérations internes, la révélation aurait le droit de se faire recevoir *en bloc* et d'imposer silence aux réclamations soulevées par certaines portions de son contenu? Cela n'est pas possible, et cela n'est pas. Donc, il importe que des deux parts, le langage conserve sa rigoureuse précision.

C'est ainsi que nous avancerons dans notre recherche loyale de la vérité! Déjà, ne sentez-vous pas que nous serrons les questions de plus près, que le terrain laissé aux malentendus se rétrécit sans cesse, que les inconnues se dégagent l'une après l'autre? Il ne faut pas que rien d'ambigu vienne compromettre un pareil progrès. Le temps approche où les positions seront si nettement dessinées, où la place manquera tellement aux théories de compromis, qu'on sera bien obligé de choisir entre la foi théopneustique professée par Jésus-Christ et le rationalisme escorté de toutes ses conséquences logiques. Alors, en présence de ces négations désolantes, les hommes qui conservent quelques besoins religieux reculeront épouvantés.

1855.

UNE RECTIFICATION.

On ne saurait trop tôt et trop publiquement confesser ses fautes; je m'en aperçois en lisant la dernière lettre de M. Scherer. Il me reproche « de placer le passage des trois témoins sous la garantie de Jésus-Christ. » C'est une erreur que j'ai commise, en effet, confondant sur ce point une question de variante avec une question de canon. Le canon seul est garanti par le témoignage du Sauveur; les variantes relèvent de la critique, or le problème de I *Jean* v, 7 n'est qu'un problème de variantes. Je l'ai reconnu peu de temps après la publication des *Ecoles du doute;* j'ai même introduit alors une modification dans la traduction anglaise qui a paru en Écosse; mais j'ai eu le tort d'attendre une occasion qui n'est pas venue, pour faire amende honorable en France, et je viens d'en être puni.

Si j'ai été peu surpris de voir M. Scherer user de son droit en s'armant de cette erreur de détail, d'autres parties de sa lettre, je l'avoue, m'ont fait éprouver quelque étonnement. Et pourquoi ne le dirais-je pas, puisque me voici la plume à la main?

M. Scherer demande d'abord quelle opinion on lui propose d'adopter : Celle de M. Jalaguier et de *l'Éspérance*, celle de M. Edmond de Pressensé et de la *Revue chrétienne*, celle de M. Godet, celle de M. Bonnet, celle de Schleiermacher, celle de Neander, de Julius Muller, ou de Tholuck? — M. Scherer aurait pu supposer, ce me semble, que les *Archives* lui proposaient d'adopter l'opinion des *Archives*, c'est-à-dire l'opinion qui maintient l'inspiration plénière et la certitude divine du canon contre quiconque s'en écarte, peu ou beaucoup.

M. Scherer s'inquiète ensuite de savoir quelle route on l'invite à suivre pour atteindre le but proposé. S'agirait-il de fouler aux pieds les lois de notre nature, et de méconnaître les conditions de la certitude? — Il s'agit simplement, et nous le lui avons souvent répété, d'obéir aux lois de notre nature, aux conditions de la certitude. Notre conscience et notre raison, consultées dans un humble esprit de prière, déclarent sans hésiter qu'elles ne savent pas tout, qu'elles sont incapables de tout juger, que l'admission des choses révélées rencontre en nous la résistance des affections corrompues, qu'enfin il est très *raisonnable* de tenir pour vraies les choses que Dieu atteste, quoiqu'elles nous dépassent et semblent même parfois nous blesser.

Mais où sont ces choses que Dieu atteste? Comment vaincre le doute quand il existe? Il n'y a que deux méthodes, selon M. Scherer : ou résoudre le doute par la voie de la science, ou l'étouffer par un acte de la volonté.

Or, comme les actes de volonté n'enfantent que la croyance aveugle, *l'abêtissement* systématique recommandé un jour par Pascal, la voie de la science reste seule ouverte aux hommes qui se respectent, la science demeure maîtresse et souveraine! — Je plains M. Scherer de se sentir serré entre cette infamie qu'on appelle un acte de volonté en matière de foi, et cette usurpation, cette profonde vanité de la science, citant l'un après l'autre devant son tribunal suprême les dogmes de la Révélation; je le plains, et je comprends qu'il résolve mal la question, puisqu'il la pose en de pareils termes. Ne connaîtra-t-il jamais une troisième voie: celle des pauvres créatures déchues, qui sentent leurs misères, qui savent leurs limites, et qui implorent un secours divin? L'homme de M. Scherer est un homme incomplet. Si nous n'étions effectivement qu'un composé de raison et de volonté, si nous n'avions pas aussi un cœur corrompu, un cœur hostile au principe même de l'autorité céleste, un cœur qui a horreur de se soumettre et de se donner, on pourrait poser la triste alternative: ou un arrêt de la raison, ou un acte de la volonté. Mais les affections existent, elles ont été viciées par la chute, et sous leur influence, nous ne cesserons de faire *des actes de volonté* qui mettent au défi les arguments les plus solides et les plus scientifiques, imposant silence, en certaines matières, à notre conscience et à notre raison. Lors donc qu'il s'agit de ces matières-là, où le cœur rebelle est mis en cause et se défend, nous avons besoin de disposer d'autres ressources que de notre raison muette ou de notre volonté asservie: il faut alors qu'armés de la force du Saint-Esprit offerte à tous, et que tous peuvent accueillir ou repousser, nous lui demandions à deux genoux, avec persévérance, de nous affranchir, de nous restituer le libre usage de notre conscience et de notre raison, de nous rendre aptes à reconnaître toutes les vérités, même celles qui déplaisent le plus à l'homme pécheur.

Objectera-t-on qu'en nous plaçant de la sorte sur le terrain moral, nous revendiquons au profit des croyants *le monopole de la sainteté?* Nous en conviendrons nettement; à la condition toutefois que le mot de sainteté conservera son sens biblique, peu propre, on l'avouera, à flatter l'orgueil des chrétiens. Oui, tant que le cœur n'est pas changé, on ne peut être sincère et savant; on ne peut pas dire oui et amen aux grands dogmes révélés, on ne peut pas se soumettre humblement et réellement à tout ce qui est écrit.

Il y a, je le sais, une acceptation traditionnelle et impersonnelle en quelque sorte; ce n'est point de celle-là que je parle. — Quant à l'acceptation qui a pleine conscience de ce qu'elle fait, je maintiens qu'elle rencontre un obstacle humainement insurmontable dans les répugnances du cœur inconverti. Ces répugnances sont même telles que le cœur converti n'en triomphe pas toujours entièrement, et que des hommes pieux (bien plus pieux que nous) croient aujourd'hui à Jésus-Christ, saus croire, hélas! à l'absolue autorité des Écritures.

N'allons pas, par fausse honte, supprimer cet élément essentiel du problème qui nous occupe : l'action du Saint-Esprit, la prière, la conversion. Ayons le courage, en nous adressant à nos honorables contradicteurs, de leur rappeler cette doctrine élémentaire qui est partout dans l'Évangile, et de leur montrer l'homme tel qu'il est, ayant d'un côté sans doute une raison et une conscience véridiques, mais ayant de l'autre des passions mauvaises qui gouvernent sa volonté naturelle et nécessitent par conséquent l'intervention d'un secours divin. Ceux qui, après bien des refus coupables, ont enfin cessé de repousser ce secours, n'ont pas lieu de se glorifier, ce me semble; le fait cependant, pour n'avoir rien de glorieux, n'en est pas moins réel, et nous faussons tout, quand nous refusons d'en tenir compte.

La théologie ne cesse d'osciller d'un extrême à l'autre. Tantôt elle déclare la raison inutile : le Saint-Esprit seul doit nous enseigner; point d'argumentations, point de discussions, point de preuves à l'appui de l'autorité des Écritures; la foi est une faculté spéciale, une intuition, un instinct! Dieu nous communique mystiquement la vérité; pourquoi dès lors nous inquiéter des attaques? pourquoi étudier, chercher, parler, écrire? pourquoi réfuter, pourquoi répondre? « L'onction du saint » n'a besoin de personne, et ceux qu'elle guide ne s'égarent jamais... On sait à quels beaux résultats conduit ce chemin! — Tantôt, au contraire, la théologie supprime le Saint-Esprit, oublie la chute, fait abstraction du cœur corrompu, et nous invente un homme composé de raison et de volonté. Puis, elle nous somme gravement de lui dire à laquelle de ces deux facultés nous donnons la préférence? si la croyance doit naître d'un acte de la volonté ou d'une décision de la raison?

Le plus étrange peut-être, c'est que les mêmes théologiens accaparent tant bien que mal les deux solutions opposées, qu'ils demandent leurs croyances au mysticisme et leurs négations au rationalisme ; conciliant ainsi la sécurité d'une prétendue foi qui n'a rien à démêler avec la science, et la souveraineté d'une prétendue science qui ne se meut pas dans la sphère de la foi.

1855.

LA FORMATION DU TIERS PARTI.

Il paraît qu'il y a réellement des gens qui mettent en doute la formation du tiers parti. Nous ne voulions pas le croire ; mais puisqu'il en est ainsi, notre devoir est tracé, il faut faire cesser cette incertitude. Dans la crise redoutable que nous traversons, notre premier besoin est d'y voir clair.

Sur quel motif fonde-t-on ce doute, auquel nous voudrions bien pouvoir nous associer ?

Nie-t-on la brochure anonyme qui a provoqué avec tant de violence et d'éclat la formation du tiers parti ? Non. On reconnaît que l'appel a retenti, que les chrétiens (car il s'agit d'eux, et c'est ce qui fait la gravité du mouvement actuel, bien plus dangereux sous ce rapport que les anciens rationalismes), on reconnaît que les chrétiens ont été conviés à se réunir sur un terrain intermédiaire; à s'éloigner également, et de ceux qui renversent toute l'Écriture, et de ceux qui conservent toute l'Écriture.

Nie-t-on la réponse favorable faite à cet appel par deux journaux qui représentent chez nous deux fractions importantes du christianisme sincère? Non. Les deux réponses sont là; par une coïncidence providentielle, elles ont paru presque le même jour, et l'assentiment qu'elles expriment n'a rien d'ambigu. Pour ne parler que de la réponse de l'*Espérance*, elle contient ces paroles explicites : « Nous lui déclarons (à l'auteur de l'appel) que sa définition de l'inspiration est, dans tous les points essentiels, l'expression fidèle et à peu près complète de notre propre conviction, et que nous la signons du plus grand cœur. Nous sommes heureux de penser qu'entre les hommes dont notre auteur est le représentant distingué et nous, il y a ainsi un terrain commun, terrain sur lequel nous pouvons désormais travailler ensemble à l'édifice nouveau que tous nous sentons, plus ou moins, le besoin de voir s'élever. »

Prétend-on que la signature ainsi donnée à la définition de l'inspiration qui devait servir de base au tiers parti, n'ait engagé que le rédacteur de l'article? Non. Personne n'a dit à ce chrétien distingué que sa déclaration fût répudiée par son journal. Personne n'a pu le lui dire, car il n'avait fait que constater plus solennellement, et dans une circonstance décisive, l'opinion déjà professée à diverses reprises par la plupart de ses collaborateurs. Incertitude du canon toujours soumis aux arrêts de la critique sacrée, inspiration qui se concilie avec l'erreur, distinction entre l'Écriture et la Parole de Dieu, tout cela était déjà admis.

Sur quoi donc, encore un coup, s'appuient ceux qui

contestent la formation du tiers parti? — Sur ce fait qu'il n'y a eu ni conversations, ni correspondances, ni accord préalable ! Sur ce fait, que chacun a agi spontanément, et conserve toute son indépendance à l'avenir !

Mais c'est précisément là ce qui constitue la gravité de l'événement. S'il ne s'agissait que d'une combinaison artificielle obtenue à grand renfort de conférences et de lettres, s'il ne s'agissait que d'un tiers parti organisé au moyen de concessions réciproques et de programmes convenus, nous serions moins alarmés ; les arrangements qu'on prépare ainsi ne vont jamais bien loin. Malheureusement, la coalition que nous avons signalée a un autre caractère : elle existait de fait avant de se produire expressément ; elle repose sur des convictions communes dont personne ne met en doute le sérieux ; il est donc probable qu'elle aura de la force et qu'elle durera.

S'imagine-t-on, par hasard, que les coalitions n'existent qu'à la condition d'un concert préalable, d'un programme discuté et arrêté en commun ? Un appel et des adhésions, voilà tout ce qu'il leur faut. — Nous aussi, nous avons formé un parti ; nous aussi, nous avons des coalisés, et il n'y a pas eu de lettres échangées entre nous. Voici simplement ce qui s'est passé. A la vue de ce péril si nouveau : la révolte d'un grand nombre de docteurs pieux contre l'autorité des Écritures ! des appels ont retenti, et quiconque y a répondu, quiconque a commencé énergiquement le combat pour le canon certain et pour la Bible entièrement inspirée, quiconque, en Suisse, en Angleterre, en Écosse, en France, s'est associé à la grande lutte contre la nouvelle école, s'est trouvé, par cela même, membre du parti des hommes de la Bible, des « hommes du passé. »

Lorsqu'il s'agit de l'Écriture, on ne signe pas aujourd'hui une définition sans signer un traité d'alliance; ici, en effet, la définition est tout. Certaine ou contestable comme recueil, infaillible ou faillible comme texte, la Bible est ou n'est pas une autorité. Tout le reste dépend de là, et à la longue on ne le verra que trop. C'est la question des questions; c'est celle par rapport à laquelle s'opéreront de plus en plus les classements religieux.

Les organes du tiers parti voudraient nous persuader (et se persuader à eux-mêmes) qu'une telle question est peu de chose. A les entendre, nous nous forgeons des chimères : L'affaiblissement de la foi à la Bible, rêverie! La coalition contre sa complète inspiration, misère! Le triage des livres et des enseignements révélés, prétententention indifférente! — Il nous sera permis d'être moins rassurés, de considérer avec douleur l'invasion croissante des doctrines relâchées sur l'Écriture, la domination presque absolue de ces erreurs dans les thèses de Montauban et de Strasbourg, leur importation par le jeune clergé, surtout au sein des Églises nationales. Nous savons que, grâce à Dieu, si le mal se propage, la vérité s'affermit; nous savons que ceux qui croient à l'Écriture certaine et théopneustique, y croient mieux, y croient plus solidement que jamais. Aussi avons-nous bon espoir; toutefois, il nous est impossible d'envisager sans une profonde affliction, l'effroyable péril que font courir au protestantisme, au christianisme, tant de bons protestants et de sincères chrétiens. Le cœur se serre à la pensée des conséquences qu'ils préparent sans le vouloir, des ruines qu'ils accumuleront bientôt, pour peu que leur succès s'étende et que les idées des pasteurs deviennent celles des troupeaux.

Leur prétention, il est vrai (et à elle seule elle caractérise la valeur du tiers parti), leur prétention est de ne pas mettre les troupeaux dans la confidence. Possédons-nous une Bible dont chaque verset puisse être cité selon la méthode du Sauveur et des apôtres : « Il est écrit » ; ou possédons-nous une Bible dans laquelle il faille commencer par reconnaître et caser à part cette portion vraiment divine à laquelle serait réservé le nom de parole de Dieu ? Ce problème-là est *théologique*, il ne concerne pas les troupeaux ; on doit décider, pour eux et sans eux, s'ils auront encore ou s'ils n'auront plus une Écriture *parole de Dieu.* — Quant à nous, nous ne cesserons de crier aux chrétiens simples : Prenez garde ; vos intérêts les plus chers sont en cause ; vous n'êtes pas seulement intéressés, mais compétents, plus compétents que la plupart des docteurs ; vous laisserez-vous enlever votre Bible ?

Avertir ainsi les simples, c'est notre grand crime, notre grande perfidie. Le cléricalisme et la faculté théologique, qui ont une première fois perdu le christianisme, ont l'ambition de le perdre une seconde fois. L'audace de ceux qui protestent au nom du peuple chrétien les scandalise plus que quoi que ce soit au monde. Eh bien, notre décision est prise, nous continuerons à compter sur les simples (et sur les savants qui ont le mérite d'être simples) ; nous continuerons à croire que l'Évangile est à la portée des humbles, que les preuves de l'Évangile sont accessibles à tous, que les titres de ce livre où nous trouvons l'Évangile sont essentiellement populaires.

Disons-le bien : ce qui est débattu entre le tiers parti et nous, ce n'est pas l'amour de la Bible, c'est son autorité. Le tiers parti n'est pas ennemi de la Bible, il est ennemi de son autorité. Ce n'est pas une théorie sur la Bible que nous défendons, c'est son autorité.

L'autorité de la Bible, c'est-à-dire la vérité absolue, constante, de toute parole contenue dans le saint livre, voilà le point sur lequel nous différons ; voilà ce qui est nié d'une part, affirmé de l'autre !

Le tiers parti s'est donné pour mission de nier cela moins que M. Scherer, et de l'affirmer moins que nous.

1855.

PROGRÈS
DE
LA DISCUSSION SUR LA BIBLE.

Deux mots résument la situation. Il y a progrès en mal, il y a progrès en bien.

Progrès en mal : le tiers parti s'est constitué, et les doctrines hésitantes se sont faites négatives; les facultés nationales de théologie ont continué à grossir le nombre des jeunes ministres qui appartiennent à l'école de Néander ou à d'autres écoles intermédiaires; les opinions relâchées au sujet de l'Écriture commencent à se répandre en dehors du cercle des pasteurs; beaucoup d'âmes, avides de paix et d'union à tout prix, semblent s'abandonner sur ce point à une sorte d'indifférence mystique, elles se montrent fatiguées de la discussion, elles se rassurent en pensant que le nouveau rationalisme est un rationalisme pieux.

Progrès en bien : les questions sont plus nettement

posées; la formation du tiers parti a mis en lumière l'étendue du péril; les conséquences du principe établi par M. Scherer se sont développées avec une effrayante logique; la vraie nature de la théopneustie a été plus clairement définie; on le sait mieux que jamais, il ne s'agit ni d'un littéralisme grossier, ni d'une négation de l'individualité des écrivains sacrés, ni d'une négation des droits légitimes de la science, ni d'une tendance quelconque à l'obscurantisme; la démonstration de la théopneustie est devenue plus nette; ceux qui y croient y croient mieux; ils voient clair et respirent à l'aise; les motifs de leur foi sont maintenant inébranlables; ils se sont assurés que leur forteresse n'était pas en ruines comme on le leur avait tant dit; ils ont la certitude qu'elle sera défendue et que personne n'en renversera les murs.

Nous sommes donc mieux armés et plus unis, en face d'ennemis plus déclarés et plus nombreux. Courage; ce n'est pas le moment de se croiser les bras. Le parti extrême et le tiers parti sont très actifs; renoncerions-nous à combattre, nous qui défendons les bases mêmes du christianisme et de la Réforme, nous dont le mot de ralliement est si simple et si populaire : Croire ce qu'a cru Jésus-Christ!

La discussion a fait de grands progrès, mais elle n'est pas terminée. Il y a exagération à prétendre, par exemple, que l'Allemagne est rentrée dans la voie de la soumission à l'autorité de la Bible. Une réaction salutaire s'opère chez elle, cela est évident; toutefois, n'allons pas en dénaturer le caractère. Si quelques-uns de ses docteurs en sont venus, grâce à Dieu, jusqu'à désavouer nettement la distinction entre l'Écriture et la Parole de Dieu, presque tous en sont encore à chercher une moyenne entre les négations audacieuses qui ont retenti naguère, et la proclamation pure et simple de l'absolue inspiration. Vous les étonneriez bien en leur apprenant que désormais, ils placent le canon au-dessus de toute critique et le texte entier au-dessus de toute possibilité d'erreur ! — Jugeons les choses avec sang-froid; voyons-les telles qu'elles sont, en Allemagne et chez nous.

Chez nous, la crise où nous entrons mérite de porter un nom qui indique à quel point elle sera redoutable: c'est *la crise du rationalisme pieux*. — L'ancien rationalisme avait un mérite : il ne promettait pas plus qu'il ne donnait, il n'était pas plus beau qu'il n'était bon. Franchement incrédule, glacé, sans élan, ne retenant du christianisme que de vaines formes, il ne pouvait faire illusion aux âmes dans lesquelles existaient de véritables besoins religieux. Ce rationalisme-là meurt de sa belle mort. Comment se serait-il soutenu plus longtemps à côté du réveil, à côté de ses doctrines, de ses œuvres, de ses écrits, de sa vie?

Or, Satan ne quitte jamais la partie; il se déguise en ange de lumière, quand il le faut; c'est sa vieille méthode, et quoique vieille, elle lui réussit encore. — Après le triomphe du christianisme, Satan s'est fait chrétien: Vite, renversons les idoles ! ayons des nations chrétiennes ! ayons un gouvernement chrétien ! ayons un clergé puissant ! ayons des lois et des armées contre le paganisme et contre l'hérésie ! — Après le triomphe de la Réforme, Satan s'est fait protestant : Plus de messe ! plus de pape ! Seulement, conservons le rationalisme religieux ! Ayons l'autorité du clergé et des livres symboliques !

Tel a été le langage de Satan. Aujourd'hui, il recourt à la même tactique. L'orthodoxie l'emporte, Satan se fera orthodoxe : Plus de rationalisme ! plus de négations ! Satan cède à un grand et beau mouvement qu'il ne peut empêcher ; il s'y associe même, afin d'en mieux altérer le caractère, accordant tout, sauf ces deux points qu'il a toujours écartés dans les crises antérieures : la Bible et l'Église. — Au IVe siècle, le monde a pu se déclarer chrétien ; mais la Bible est restée voilée par les traditions et par l'autorité croissante du clergé ; mais l'Église a achevé de se perdre au sein du multitudinisme. Au XVIe siècle, la moitié de l'Europe a pu adopter la Réforme ; mais la Bible, quoique remise en honneur, s'est vue menacée, dès le premier jour, de la rivalité des docteurs en renom, des confessions de foi, d'une vraie tradition protestante ; mais l'Église est venue une seconde fois se confondre avec le monde.

Et que se passe-t-il sous nos yeux ? Les masses protestantes, même les plus incrédules, prêtent ou prêteront bientôt les mains à l'orthodoxie ; à la condition cependant que l'Église mondaine sera maintenue et que l'autorité des Écritures sera directement attaquée.

C'est de cette attaque que nous nous préoccupons ici ; nous avons tenu à en constater l'étrange nature. Le rationalisme pieux est à certains égards un fait nouveau, d'une redoutable portée. La coïncidence d'un mouvement en avant vers le contenu de l'Écriture et d'un mouvement rétrograde en ce qui concerne l'Écriture elle-même, est propre à jeter le trouble dans beaucoup d'esprits. La vérité semblera mieux abritée que jamais, à l'instant où sa suprême garantie sera mise en pièces.

Que Dieu nous préserve d'assister au triomphe du rationalisme pieux ! Le rationalisme impie qui viendrait ensuite serait plus horrible que tout ce qui a précédé, car il n'aurait plus à compter avec le sentiment général qui n'avait cessé d'exister jusqu'ici : la foi à la Bible.

En avant ! Le terrain que nous avons gagné nous est garant de celui que nous gagnerons encore. Que l'on compare l'attitude des champions de la théopneustie et celle du tiers parti. Les premiers marchent enseignes déployées, ils ont un principe dont ils ne répudient pas les conséquences; leur théorie ne consiste qu'à imiter Jésus-Christ; leur foi est celle de tous les chrétiens simples dans tous les temps; ils appellent la discussion, ils demandent le grand jour, ils veulent que les troupeaux soient avertis. Le tiers parti, au contraire, ne peut exposer ni son principe ni sa théorie; il veut et ne veut pas; il prétend conserver la Bible en ruinant la théopneustie et le canon; il s'indigne et s'irrite contre tout le monde, mais il n'ose discuter sérieusement et gravement avec personne; son idée fixe est d'étouffer le débat, d'écarter les troupeaux, de fuir la lumière, de réserver la décision aux théologiens, c'est-à-dire au clergé.

Telle est la situation : menacée de dangers extrêmes, pleine d'encouragements.

1855.

RÉPONSE A M. FRED. CHAVANNES.

« La crise où nous entrons mérite de porter un nom qui indique à quel point elle sera redoutable: c'est *la crise du rationalisme pieux.* » — Telle est l'assertion que M. Chavannes me reproche d'avoir émise. Ce reproche est formulé avec tant de sérieux, avec tant de bienveillance et de loyauté, que j'aurais mauvaise grâce à ne pas répondre.

1° Le rationalisme pieux peut exister. — Un rationaliste, c'est-à-dire un homme qui soumet plus ou moins au contrôle de sa raison ou de son sentiment le contenu de la révélation écrite, sera-t-il nécessairement étranger à la piété? Un homme pieux, c'est-à-dire un homme qui sent ses péchés et qui regarde à Christ comme à son Sauveur, sera-t-il nécessairement à l'abri des tentations du rationalisme? On me dispensera d'insister.

2° Le rationalisme pieux existe en fait. — Comment définir autrement le tiers parti? Aurons-nous l'injustice de nier la piété de ses principaux chefs et d'un grand nombre de ses membres? Aurons-nous la faiblesse d'admettre qu'on n'est pas rationaliste, quand on conteste le canon et l'infaillibilité des Écritures, quand on établit par là même une distinction profonde entre la Bible et la Parole de Dieu?

3° Le rationalisme pieux nous menace de périls particulièrement redoutables. — Chez lui, la piété sert de passeport au rationalisme. Ce qu'on n'aurait jamais accueilli de la part des incrédules, on l'accueillera et on l'accueille de la part des croyants. On s'habitue par degrés à isoler le contenu du contenant, à penser qu'on peut conserver le christianisme et rejeter l'autorité absolue des saints livres. On se dit que, puisque de l'aveu de tous, on n'est pas sauvé par la foi à la Bible, que puisqu'on ne convertit pas les gens en leur prêchant la foi à la Bible, la foi à la Bible est, en définitive, une question secondaire, une affaire de « théologiens ; » qu'un peu plus ou un peu moins de vigueur dans de telles formules importe médiocrement; que ce qui importe, c'est la vie et l'amour. Ainsi travaille, ainsi s'étend le tiers parti. Cet à peu près convient à merveille aux instincts d'une époque où ne domine assurément pas l'amour austère de la vérité. Si nous n'y prenons garde, le tiers parti finira par se rendre maître de la situation. La place laissée libre par le vieux rationalisme qui s'en va sera occupée par la piété rationaliste, et non par la piété biblique. Alors (souffrez que je reproduise mes paroles) « la vérité semblera mieux abritée que jamais, à l'instant où sa suprême garantie sera mise en pièces. Que Dieu nous préserve d'assister au triomphe du rationalisme pieux! Le rationalisme impie qui viendrait ensuite serait plus horrible que tout ce qui a précédé, car il n'aurait plus à compter avec le sentiment général qui n'avait cessé d'exister jusqu'ici : la foi à la Bible. »

4° Satan travaille à amener un tel résultat. — En l'affirmant, j'ai cru énoncer la vérité la plus simple et la plus élémentaire. Il paraît qu'il y a des énormités là-dedans! Examinons. — Ai-je prétendu que Satan fût capable de produire la piété, le moindre atôme de piété? non certes. La piété existe, le réveil est un fait, grâce au Seigneur. Or, Satan, qu'on me passe l'expression, est obligé de jouer avec ses cartes. L'article critiqué par M. Chavannes le disait en termes formels : « *il cède à un grand et beau mouvement qu'il ne peut empêcher*; il s'y associe même, afin d'en mieux altérer le caractère; accordant tout, excepté ces deux points qu'il a toujours écartés dans les crises antérieures: la Bible et l'Église. » — Les situations étant données, Satan s'en accommode bon gré mal gré et s'efforce de les diriger à sa guise; si Dieu tire le bien du mal, Satan excelle à tirer le mal du bien. Comment cela? Parce que le bien ne va jamais seul dans notre pauvre humanité; parce qu'il y a, à côté de lui, d'autres principes qu'il est aisé à l'adversaire de développer, et dont on se défie d'autant moins qu'ils sont comme voilés et sanctifiés par le voisinage du bien. — Lorsque le christianisme a triomphé, c'était assurément malgré le Diable; qu'a fait néanmoins celui-ci? L'événement une fois accompli, il s'y est accommodé; il a pris l'uniforme du jour, et dénaturant le mouvement qu'il aurait voulu empêcher, il nous a donné des nations chrétiennes: le principe païen sous le drapeau évangélique. — Lorsque la Réforme a vaincu, c'était assurément malgré Satan; néanmoins qu'a-t-il fait? Il a joué avec ses cartes, il nous a donné le rationalisme protestant, les symboles protestants, le clergé protestant, la tradition protestante; une seconde fois, le principe païen a prévalu. — Maintenant le réveil l'emporte, c'est encore malgré Satan; mais croyez-vous qu'il va renoncer à la partie? Non, vous le verrez orthodoxe, partisan des confessions de foi, partisan de la discipline, travaillant à transformer une victoire de la piété en victoire de la scolastique, et parvenant peut-être, pour la troisième, pour la centième fois, à étouffer le principe chrétien, à ensevelir la croyance personnelle sous le catéchuménat, l'Église sous le multitudinisme, l'autorité de la Bible sous l'autorité des symboles.

5° La piété est un indice certain de la vérité, mais non de la vérité complète, de la vérité dégagée d'erreurs. — Je le reconnais avec M. Chavannes, partout où je rencontre un homme réellement pieux, j'ai droit d'affirmer la présence de la vérité dans son âme ; mais je ne reconnais en aucune façon que l'erreur ne puisse pas y habiter aussi. La théorie que semble adopter M. Chavannes est celle qui a patronné successivement les plus monstrueuses altérations de l'Évangile : nous sommes pieux, nous faisons du bien; donc notre doctrine est pure et notre marche inattaquable; donc Satan n'est pour rien dans les institutions fondées par nous ! — Ils étaient pieux et ils faisaient du bien, ceux qui ont introduit la hiérarchie, affermi la papauté. Ils étaient pieux et ils faisaient du bien, ceux qui ont inventé ou perfectionné les couvents. Ils étaient pieux et ils faisaient du bien, ceux qui ont donné au peuple des images, ceux qui ont recueilli et prôné la tradition. A vrai dire, aucune erreur ne peut prévaloir si elle ne s'appuie sur quelque vérité; il n'y a que *les révoltes pieuses* contre l'Évangile qui aient réussi; il n'y a que les *rationalismes pieux* qui aient de l'avenir.

6° Est-ce à dire que je rejette la règle posée par le Sauveur : « Vous les connaîtrez à leurs fruits? » — A Dieu ne plaise! Les œuvres du réveil sont une des justifications du réveil; les œuvres et la piété du tiers parti prouvent clairement que le tiers parti possède une très grande portion de vérité. Seulement les œuvres seraient bien meilleures encore, si la vérité était plus complète, et la piété biblique porte des fruits que la piété rationaliste ne saurait égaler. Il me semble qu'on peut affirmer cela sans être injuste envers personne, sans avoir deux poids et deux mesures, sans nier le lien indissoluble qui unit le bien et le vrai.

7° Ce dernier mot répond à l'assertion de M. Chavannes, qui prétendait me réduire ou au scepticisme, ou à l'aveugle acceptation d'une autorité quelconque! — Telle est, je n'en disconviens pas, la position de ceux qui séparent le bien du vrai; telle est également la position de ceux qui, niant d'une manière absolue l'intégrité de notre sens intellectuel et moral, déclarent, en raison de la chute, notre conscience incompétente. Si le bien n'indique plus le vrai, les témoignages de la conscience ne prouvent rien en faveur d'une révélation; si tout est ruiné en nous, si tout point de contact avec le vrai nous fait défaut, nous sommes hors d'état de discerner l'autorité légitime. Le secours même du Saint-Esprit n'y suffira pas, à moins que ce secours ne soit une contrainte. — Et maintenant que j'ai confessé tout cela, je me demande en quoi tout cela me concerne. Ai-je dit que le bien ne fût pas l'indice du vrai? Ai-je dit que l'homme fût incompétent pour apprécier, avec l'aide que Dieu donne à tous, les titres de l'autorité divine? Ai-je dit qu'une telle détermination dépendît de l'intelligence et non de la conscience? Ai-je dit que le contenu des Écritures ne constituât pas une des grandes preuves de la divinité du contenant? Ai-je dit que l'obstacle à l'acceptation ne fût pas un obstacle essentiellement moral, venant de ce qui a été corrompu en nous par la chute: le cœur? Ai-je dit que l'acceptation ne fût pas un acte essentiellement moral? Ai-je dit que notre choix dépendît d'un syllogisme, d'un bon ou d'un mauvais raisonnement? Ai-je dit qu'il y eût à se livrer les yeux fermés, à croire en désespoir de cause, à croire pour croire et sans raison de croire, à croire parce qu'on croit autour de nous, parce qu'on a cru avant nous? Personne au contraire, j'ose le rappeler, n'a plus énergiquement attaqué que moi la croyance héréditaire et traditionnelle. C'est à bon escient, selon moi, et par des motifs moraux d'une force énorme (qui auraient le caractère de l'évidence, n'étaient les affections corrompues qui veulent nous fermer les yeux) ; c'est à cause du bien, signe du vrai, que nous admettons l'autorité des Écritures.

8° Il n'en résulte pas sans doute que, compétents pour être amenés au contenant par les parties essentielles du contenu, compétents pour constater les marques de divinité du contenant, nous le soyons aussi pour juger le contenu. Ma raison et ma conscience, qui ont accepté la Bible comme Parole de Dieu, se refusent absolument à mettre en doute ce que renferme cette Parole. Suis-je dépassé, suis-je blessé par telle ou telle déclaration de l'Écriture? j'en conclus non pas qu'elle est fausse, mais que je comprends mal encore, que l'explication me manque, et que le jour où elle me sera fournie, ces passages cesseront de m'étonner et de me heurter. Pour abdiquer ainsi lorsque Dieu parle, ni ma conscience, ni ma raison n'ont à se faire violence; elles se feraient violence en agissant autrement. Elles savent que, si compétentes soient-elles, leurs jugements ne sauraient être infaillibles; car elles n'ont pas, bien s'en faut, la connaissance entière des faits. La solution de ces problèmes, dont les éléments leur manquent souvent, est troublée en outre par les inspirations du cœur corrompu.

Je ne m'arrête pas plus longtemps ici. C'est le point où s'opère la grande séparation entre la *Revue de Strasbourg* et moi; c'est le point où l'individualisme biblique s'éloigne de l'individualisme subjectiviste. Individualistes, nous le sommes; subjectivistes, non. Nous attendons pour le devenir, que l'infaillibilité de tous nos jugements soit démontrée, ou même que nous puissions y croire, raisonnablement. Jusque-là, nous tiendrons beaucoup aux *garanties* de la vérité. « Garantir la vérité! s'écrie M. Chavannes, j'aimerais autant qu'on parlât d'éclairer le soleil. » Hélas! oui, tant que nous serons faillibles, tant que nous serons mauvais, tant que nous ne saurons pas tout, nous aurons besoin que la Parole de Dieu nous garantisse la vérité des choses qui nous dépassent, ou dont nous ne possédons pas tous les éléments, ou dont nous ne voulons pas, parce que nous craignons de nous donner entièrement au Seigneur. Compétence et incompétence de l'homme, tels sont les termes du problème le plus sérieux peut-être qui se soit posé entre nous.

Je ne désespère pas de l'aborder un jour dans une étude spéciale.

9° M. Chavannes me permettra aussi de réserver, pour une étude spéciale, une question qui n'a rien de commun avec celle qu'il a posée, et que je viens d'examiner : je veux parler du sens et de la valeur du témoignage que Jésus-Christ a rendu à l'Écriture. — M. Chavannes pense que lorsque Jésus emploie la fameuse formule : « Il est écrit », Jésus cite l'Écriture, non comme une vérité infaillible, mais comme exprimant une vérité dans ce cas spécial, dans le passage spécialement indiqué. M. Chavannes pense que les apôtres croient à l'autorité de l'Écriture, mais que leur Maître ne partageait pas cette grave erreur (qu'il n'a pas relevée). C'est ainsi que M. Chavannes attaque la preuve principale du canon providentiel et de la plénière inspiration. Je compte bien discuter une autre fois ce point avec lui. Aujourd'hui, je reste sur le terrain où il m'a appelé. A chaque jour suffit sa peine.

Deux mots encore : quoique je m'attendisse à voir mes travaux attaqués par la *Revue de Strasbourg*, j'étais loin de croire qu'elle s'en prendrait avec tant de vivacité aux vues que j'ai émises au sujet du rationalisme pieux. Si nous sommes en dissentiment sur presque toutes les questions, il en est une du moins sur laquelle nous nous entendons, et qui a sa valeur : nous admettons, de part et d'autre, *les droits de la vérité*. Nous croyons que toute vérité oblige, que toute vérité est bonne, que le vrai et le bien correspondent toujours. Nous croyons que, quelles que soient les conséquences momentanées, l'homme n'est jamais autorisé à renier ce qui lui semble vrai, à approuver ce qui lui semble faux.

Or, le caractère le plus fondamental peut-être du rationalisme pieux, c'est que, ayant fait un classement des vérités, il prétend conserver les grandes et s'inquiéter fort peu des petites (de celles qu'il qualifie de la sorte). Il est pieux, par les grandes vérités qu'il conserve; il est rationaliste, par sa liberté à l'égard des petites vérités qu'il dédaigne.

Quiconque connaît cette grande vérité centrale: les droits de la vérité, est invinciblement poussé vers la profession individuelle, vers l'Église. Le tiers parti ne marche pas généralement dans ce sens. Ceux de ses organes qui le représentent le mieux (et qui finiront par triompher), poussent au contraire à la réorganisation du rationalisme. Laissez-les faire; nous aurons un jour, grâce à eux, un rationalisme correct, doté de confessions de foi orthodoxes, doté d'une discipline; un rationalisme débarrassé des vices grossiers d'aujourd'hui, et qui sera plus fort, par conséquent, pour usurper et retenir le rôle de l'Église.

Sous le régime qu'on nous prépare ainsi, les traditions ecclésiastiques reprendront leur empire, les symboles interpréteront la Bible, la « théologie » sera réservée aux clercs, le silence se fera sur tant de discussions incommodes, suites fâcheuses du droit d'examen! Une belle et bonne scolastique protestante sera intronisée..... Et alors le rationalisme pieux cédera la place au rationalisme orthodoxe, précurseur ordinaire de l'impiété.

1856.

RÉPONSE A M. COLANI[1].

J'ai essayé de prouver que si le protestantisme s'est montré persécuteur, c'est en bonne partie parce qu'il était demeuré multitudiniste. « L'Église de multitude ai-je dit, a ses modèles d'antiquité juive. De là vient que, par un égarement monstrueux et prolongé, la Réforme a emprunté ses arguments à la théocratie du peuple d'Israël. Israël n'a-t-il pas exterminé les Cananéens? Israël n'a-t-il pas maintenu chez lui l'adoration obligatoire du vrai Dieu, etc. »

M. Colani pense que je ne peux qualifier ainsi *d'égarement monstrueux et prolongé* la soumission aux règles posées par l'Ancien Testament, et maintenir en même temps le sens que j'attribue au mot : *Il est écrit,* dans la bouche du Seigneur. Selon M. Colani, il faut choisir : ou

1. *Revue de Strasbourg,* numéro de décembre.

l'institution théocratique est toujours obligatoire, ou les portions de l'Écriture qui s'y rapportent ne méritent pas le nom de Parole de Dieu, et l'idée même de théocratie est frappée à mort.

Ce qui me donne parfois un peu d'espoir dans nos discussions avec la *Revue de Strasbourg*, c'est l'énormité des malentendus. Nos honorables adversaires se forment de nos convictions une représentation si étrange, si fantastique, qu'il doit suffire, semble-t-il, de rétablir notre thèse telle qu'elle est, pour faire tomber en partie les préventions qui les rendent hostiles à l'autorité de la Bible.

Voici, par exemple, M. Colani qui s'imagine que les partisans de la théopneustie pratiquent un littéralisme grossier, qu'ils se servent de leur Bible comme on se servirait d'un code, qu'ils n'admettent ni progresion ni modification dans la révélation divine, qu'ils ne tiennent aucun compte des institutions théocratiques, ou qu'ils n'en tiennent compte qu'à la condition de se contredire !

J'ose croire que nous aurons fait un grand pas lorsque nous aurons enfin montré tout ce qu'il y a de libéralisme dans la foi théopneustique. Les disciples de la Bible, les hommes qui n'admettent aucune distinction entre l'Écriture et la parole de Dieu, ne ferment pas pour cela les yeux au développement qui s'est opéré dans l'Écriture elle-même; ils ne se tiennent pas collés à la Loi quand l'Évangile est proclamé, au nationalisme quand l'Église est fondée, au divorce quand le mariage est déclaré indissoluble. Être soumis à l'Écriture, c'est avancer avec elle. Je voudrais pouvoir faire comprendre à M. Colani et à ses collaborateurs, tout ce qu'il y a de liberté dans cette dépendance absolue vis-à-vis de la Parole infaillible! Nous reconnaissons l'autorité divine, mais nous rejetons les autorités humaines; nous avons horreur des croyances traditionnelles et des formulaires; nous poursuivons en tout et partout la sincérité, la personnalité des convictions; nous avons pour ceux qui cherchent, qui doutent, des sympathies et non des anathèmes; nous croyons à la vérité; nous en appelons à la lumière, à la discussion; nous répudierions à l'instant même une opinion qui craindrait le grand jour; ce n'est pas nous qui en appelons aux mystères de la théologie, au privilège des docteurs ou du clergé, aux interprétations consacrées par l'Église; ce n'est pas nous qui refusons de porter les questions devant les troupeaux. La foi aux écritures théopneustiques ne nous conduit pas aux étroitesses, elle nous en délivre : autant on étouffe dans le christianisme systématisé, autant on respire à l'aise dans le christianisme de la Bible.

Ces réflexions m'ont échappé malgré moi. Abordons maintenant en elles-mêmes les objections de M. Colani.

1° La théopneustie ne saurait s'arranger d'une révélation progressive! — Non certes, si vous entendez le développement humain de la révélation, celui qui s'opère par la formation des dogmes; non certes, si vous entendez l'abolition des commandements par la désobéissance, telle que l'enseigne le plymouthisme; mais s'il s'agit du développement divin, des vérités nouvelles ajoutées par le Seigneur aux vérités anciennes, de la suppression par le Seigneur des institutions appropriées à l'enfance et l'introduction de celles qui sont destinées à l'âge mûr, la révélation progressive est la plus certaine, est la plus élémentaire de nos croyances théopneustiques. Nous refuserions de nous soumettre l'Écriture, dès le moment où nous maintiendrions ce qu'elle abolit.

2° Mais, abolir, c'est déclarer mauvais ; or ce qui est déclaré mauvais ne saurait être la Parole de Dieu ! — Y a-t-on bien pensé ? Lorsque Jésus abolit le divorce, est-ce qu'il s'écrie : « Le divorce était une loi odieuse ? » Non; il dit : « C'était à cause de la dureté de vos cœurs. » Lorsque Paul, parlant des pratiques légales, notamment de la circoncision, déclare aux Galates que s'ils se font circoncire, Christ ne leur servira de rien, est-ce que l'Apôtre insinue que les pratiques légales étaient détestables ? Non ; il dit : « La loi a été le pédagogue pour conduire à Christ. » Lorsque nous-mêmes, nous repoussons le nationalisme théocratique, lorsque nous qualifions d'égarement monstrueux l'imitation du type juif par les réformés, est-ce que nous songeons le moins du monde à condamner le nationalisme juif ? Non ; nous sommes convaincus que Dieu l'a établi dans sa sagesse, et que Dieu l'a supprimé dans sa sagesse ; nous sommes convaincus que l'éducation du genre humain a nécessité cette adoption spéciale d'un peuple gardien-né de la vérité ; seulement, nous n'entendons pas qu'on nous ramène de la profession individuelle à la profession obligatoire, de la liberté religieuse à l'intolérance théocratique, de la lutte spirituelle à l'emploi du glaive, de l'Église au multitudinisme, du principe chrétien au principe païen, qui, étant une nécessité des premiers âges, a été aussi le principe juif.

3° Mais la vérité ne peut devenir progressive, sans devenir aussi relative ; or, une vérité relative n'est plus la vérité, donc elle ne saurait retenir le caractère de

Parole de Dieu. — Il faut distinguer ici deux choses : d'abord le dogme et la morale, ensuite les institutions. Ni le dogme, ni la morale ne sauraient se modifier sans s'anéantir. L'unité de Dieu a-t-elle été niée dans l'Ancien Testament et affirmée dans le Nouveau ? La Vie future a-t-elle été niée dans l'Ancien Testament et affirmée dans le Nouveau ? L'humilité et l'amour ont-ils été niés dans l'Ancien Testament et affirmés dans le Nouveau ? Rien de pareil, assurément. Il n'y a pas contradiction, il y a progrès dans l'exposition successive des vérités dogmatiques et morales. La nature de Dieu et celle de l'homme, le péché et la grâce, les promesses et les rétributions, les privilèges et les devoirs s'éclairent de plus en plus. Comme un père, sans jamais se contredire, emploie tour à tour divers mobiles dans l'éducation de son fils, et ne se croit pas obligé de lui dire sur-le-champ toutes les vérités, bien qu'il ne lui dise jamais de mensonge, de même notre Père céleste nous élève graduellement par ses révélations toujours infaillibles. Le jour où Jésus-Christ, dans son discours sur la montagne, inaugurait la morale évangélique, il ne répudiait pas l'ancienne morale de l'Écriture, il en opérait l'admirable et fidèle déploiement ; il ne mettait pas le vrai à la place du faux, il mettait une vérité plus complète à la place d'une vérité rudimentaire. — Quant aux institutions religieuses et civiles, il en va autrement. Les institutions sont un moyen, elles ne sont pas une vérité ; les moyens changent, les vérités demeurent et grandissent. Aussi l'Évangile, qui a développé, sans les répudier jamais, les dogmes et la morale de l'Ancien Testament, a-t-il aboli ses institutions. Conserver ou reprendre aujourd'hui le nationalisme, le clergé, les sacrifices, le maintien du vrai culte par la force, ce serait, je répète le mot : *un égarement monstreux.*

4° Mais une vérité progressive n'est évidemment pas une vérité définitive ! — Définitive ou non, elle est divine et obligatoire. Les disciples de la Bible s'en tiennent à ce que Dieu a révélé ; ils n'ont pas à se demander s'il révélera autre chose plus tard ; ils savent que ses révélations dogmatiques et morales se continuent sans se contredire, cela leur suffit. Ce qui était définitif avant Jésus-Christ, c'était l'Ancien Testament. Ce qui est définitif depuis les apôtres, c'est le recueil des deux Testaments. N'avons-nous plus rien à apprendre ? La seconde venue et le règne de Christ n'ajouteront-ils rien à ce que l'Éternel nous a déjà dit ? C'est un secret qu'Il s'est réservé. Sa révélation n'a besoin ni d'être définitive, ni d'être complète, pour être divine ; autrement, il n'y aurait de divine que la révélation qui enseignerait à l'homme tout ce que Dieu connaît : l'omniscience, communiquée aux créatures, serait la seule marque valable de la théopneustie.

1856.

LES ENNEMIS DE LA BIBLE.

La Bible a ses ennemis ; mais en général, ce n'est pas d'eux que nous nous occupons dans les *Archives*, nos paroles auraient peu de chance de leur parvenir. Nos adversaires habituels sont des chrétiens, par conséquent des hommes qui aiment la Bible. Comment se fait-il donc que nous la défendions contre eux ? — L'explication est facile. Puisqu'on la juge nécessaire, nous la donnerons.

On peut aimer la Bible, et cependant attaquer l'autorité de la Bible. On peut trouver sa joie, sa consolation dans la lecture de la Bible, et cependant admettre que le canon de la Bible est sujet à la critique, que certaines erreurs se sont glissées dans sa rédaction. On peut lire la Bible aux malades, prêcher l'Évangile d'après la Bible, et cependant établir une distinction fatale entre la Bible et la Parole de Dieu.

Qui oserait nier cela, en présence de Tholuck, de Néander et de leur école, sur la rive droite et sur la rive gauche du Rhin? Prétendre que ces frères respectables n'aiment pas la Bible, ce serait les calomnier odieusement; prétendre qu'ils maintiennent l'autorité de la Bible, ce serait trahir lâchement la vérité.

Que faire donc? Exposer le fait tel qu'il est, et défendre la Bible contre ceux qui l'aiment.

Ce sont là les adversaires les plus redoutables, et de beaucoup. Les hommes qui détestent la saine doctrine, lui ont toujours beaucoup moins nui que ceux qui l'aiment et qui en l'aimant la dénaturent. Ils aimaient le christianisme, ces Pères qui ont tant contribué à l'altérer; ils l'aimaient, ces fondateurs de couvents; ils l'aimaient, ces théologiens dont les systèmes ont grossi le courant des traditions.

Plût à Dieu qu'on eût défendu le christianisme contre eux, comme nous défendons la Bible contre ceux qui l'aiment: en rendant hommage à leur piété et en signalant l'immense danger de leurs théories!

1856.

LES PREUVES SECONDAIRES

DE LA RÉVÉLATION.

On nous accuse de faire reposer sur une preuve unique l'autorité des Écritures.

A entendre certains interprètes de notre pensée, nous repousserions tout ce qui n'est pas le témoignage de Jésus-Christ; nous ferions le désert autour de ce témoignage: arguments externes et arguments internes, témoignage historique, supériorité de l'Évangile, harmonie entre sa doctrine et nos besoins, fruits qu'il a portés, expérience personnelle que chaque chrétien en a faite, nous n'épargnerions rien, nous ne conserverions rien. Pour la prédication publique, comme pour l'œuvre intime de la conviction, comme pour l'apologétique proprement dite, nous ne connaîtrions qu'un procédé: démontrer que le Sauveur a proclamé la loi divine, en vertu de laquelle s'écrit et se forme infailliblement le livre des révélations !

C'est précisément le contraire de ce que nous avons toujours dit. A côté de l'argument principal, nous n'avons cessé de maintenir la place des arguments secondaires. Nous avons proclamé leur importance ; nous avons reconnu qu'on ne pouvait s'en passer, qu'ils marchaient à l'avant-garde dans la conquête des âmes, que l'Évangile était la grande preuve de l'Évangile, et qu'à vouloir raisonner au lieu de toucher, on perdrait son temps. Si nous avons ajouté qu'il était nécessaire de raisonner aussi quelquefois, et qu'alors, le témoignage de Jésus-Christ contenait seul la réfutation suffisante des attaques dirigées contre l'inspiration plénière et contre le canon, nous avons eu soin de remarquer que, même sur ce terrain, la preuve fondamentale empruntait aux autres preuves une force supplémentaire immense; qu'escortée par elles, elle devenait inattaquable et irrésistible.

Tel est le langage que nous avons tenu. Puisqu'on ne se lasse pas de le travestir, nous ne nous lasserons pas de le rétablir. Nous ne permettrons pas qu'on mette cette pierre d'achoppement sur le chemin de la vérité.

Essayons donc de définir le rôle des arguments secondaires; disons, ou plutôt redisons, ce qu'ils sont et ce qu'ils ne sont pas.

Voici d'abord ce qu'ils ne sont pas. — Ils ne sauraient, ni isolément ni collectivement, fournir la démonstration de l'infaillibilité des Écritures.

Vous aurez beau entasser les témoignages que les Pères ont rendus à certaines parties du canon, vous n'en tirerez pas la certitude du recueil entier. Vous aurez beau constater l'excellence si frappante des Écritures, vous n'établirez pas la divinité des parties qui vous blessent ou qui vous laissent indifférent. Vous aurez beau rappeler que la Bible vous fait du bien, qu'elle répond aux besoins de votre âme, vous n'arriverez pas à dépasser les limites du « fait chrétien ». Vous aurez beau presser la preuve de nécessité et vous écrier que sans l'Écriture infaillible tout est perdu, vous ne réussirez pas à persuader aux autres ou à vous convaincre vous-même qu'une chose soit vraie, par cela seul qu'elle vous paraît nécessaire.

Rassemblez tous ces arguments, et venez vous mettre en présence des critiques qui ont cours aujourd'hui; il vous sera impossible d'en réfuter une seule. Les uns retranchent des deux Testaments ce qui leur déplaît : ce sont des documents phéniciens! ce sont des théories persanes introduites pendant la captivité et insérées après coup dans Moïse ou dans les prophètes! ce sont des évangiles de seconde main! ce sont des dogmatiques opposées, celle de Paul, celle de Jacques et des judaïsants! On peut s'indigner au nom du sentiment, au nom de la nécessité, au nom du péril que va courir le christianisme; mais l'indignation n'est pas une preuve.

La foi qui ne s'appuierait que sur les arguments secondaires, serait vite entraînée à renoncer aux notions rigoureuses en matière de canon et d'inspiration. Elle abandonnerait aisément ce qu'elle appellerait des théories et des formules, pour se soustraire aux attaques qu'elle serait incapable de repousser et ne s'occuper que de l'essentiel : de ce qui nourrit l'âme, de ce que l'Évangile fournit indépendamment de toute théopneustie. Elle se réfugierait sur le large et commode territoire du tiers parti. — « Le fait chrétien » est bien compromis, quand il est séparé de l'autorité absolue des Écritures! Il risque de se réduire à bien peu de chose! L'apologétique des besoins, de l'harmonie entre l'âme et Christ, du sentiment et des expériences intimes, admirable et puissante tant que la Bible infaillible reste à côté, devient bien débile dès qu'elle a perdu ce point d'appui!

On commence, comme Néander, par maintenir les principaux enseignements évangéliques, tout en tenant peu à maintenir le texte même de l'Évangile; puis le moment vient (ce moment qui n'est pas venu pour Néander) où, à force de sacrifier le texte, on se sent entraîné à sacrifier aussi une partie du fond. Ce n'est pas impunément qu'on s'habitue à penser qu'il faut établir la valeur véritable des faits en les dégageant de la forme subjective que leur a donnée la tradition : que Luc s'est trompé au sujet du dénombrement; que la transfiguration n'a pas été un événement objectif; que le récit de la tentation ne peut être accepté littéralement dans ses détails; que le discours sur la montagne est une sorte de répertoire, dans lequel on a placé tout ce qui semblait s'y rattacher de près ou de loin; que les trois premiers évangiles ont confondu les divers séjours de Jésus à Jérusalem; qu'ils se sont trompés en ce qui concerne la mort de Judas et l'institution de la Cène; que les disciples après la Pentecôte n'ont pas réellement parlé diverses langues, etc., etc.

Néander a pu admettre tout cela, et conserver cependant sa piété, sa foi aux grandes vérités chrétiennes! C'est une grâce signalée du Seigneur; c'est aussi le résultat de l'action qu'exerçait encore sur lui, à son insu, la croyance générale aux Écritures théopneustiques. Néander était encore soutenu par cette doctrine même qu'il avait répudiée. Vienne un autre temps, une autre génération, une génération élevée au milieu des théories de Néander, et il n'y aura plus de Néanders alors ; les preuves de sentiment, les preuves de conscience ne suffiront plus alors pour conserver dans leur intégrité les doctrines caractéristiques du christianisme : la divinité de Christ, l'expiation par son sang, la justification par la foi; on les mettra sur le compte des traditions, des erreurs, des tendances et des dogmatiques diverses qu'on signale dans le Nouveau Testament.

Il y aurait de quoi sourire, s'il n'y avait de quoi pleurer, à voir le sérieux avec lequel beaucoup de chrétiens s'écrient : « Pour nous, notre seule apologétique est notre sentiment intime, le témoignage de notre conscience, l'expérience que nous avons faite de l'Évangile, les fruits que notre âme en a retirés! » Ils ignorent que si les convictions théopneustiques n'avaient pas existé partout autour d'eux, dans leur Église, chez leurs parents, chez leurs maîtres, chez leurs pasteurs; que si la Bible, en un mot, ne s'était pas présentée à eux avec le caractère incontesté de Parole de Dieu, leur conscience aurait fait entendre un témoignage beaucoup moins ferme et beaucoup moins distinct.

Nous insistons sur ce point, parce que ce point est, à vrai dire, celui autour duquel se rallient de préférence les chrétiens qui voudraient à la fois sacrifier le contenant et garder le contenu, rejeter l'infaillibilité des Écritures et en conserver les principaux enseignements. — Écoutez-les : ils ne veulent ni syllogisme, ni théorie, ni formule; ils veulent la Bible, sans tenir le moins du monde à définir son caractère, son inspiration, sa certitude canonique, son autorité; ils veulent faire la part de la critique et de l'erreur, sans s'associer aux démolisseurs; leurs preuves, ils les ont en eux-mêmes et ils n'en désirent pas d'autres. L'Évangile satisfait aux besoins intimes de leurs âmes, que leur faut-il de plus ?

Leur objectez-vous que leur preuve de conscience ne fournit tout au plus que les généralités vagues du fait chrétien, qu'elle s'adapte naturellement aux vues relâchées de Néander, qu'elle laisse même la porte ouverte à des docteurs beaucoup plus téméraires : les uns en prennent leur parti avec cette indifférence mystique qui est de mode aujourd'hui, les autres s'efforcent d'établir que le témoignage intérieur, par lequel certaines pages de la Bible se démontrent immédiatement à l'âme, s'étend de plein droit à la Bible entière. Ils citent, à l'appui de cette opinion, le fameux passage de Rousseau : « J'avoue que la majesté des Écritures m'étonne; la sainteté de l'Évangile parle à mon cœur. Voyez les livres des philosophes avec toute leur pompe; qu'ils sont petits à côté de celui-là ! Se peut-il qu'un livre à la fois si sublime et si simple soit l'ouvrage des hommes? Se peut-il que celui dont il fait l'histoire ne soit qu'un homme lui-même? Est-ce le ton d'un enthousiaste ou d'un ambitieux sectaire? Quelle douceur, quelle pureté dans ses mœurs ! Quelle grâce touchante dans ses instructions ! Quelle élévation dans ses maximes !... Oui, si la vie et la mort de Socrate sont d'un sage, la vie et la mort de Jésus sont d'un Dieu. »

Qu'est-ce à dire? Que Rousseau admettait la divinité de tous les livres de la Bible, qu'il acceptait toutes les doctrines qui y sont révélées? Chacun sait ce qu'il en faut penser. Il suffit d'ailleurs de lire la citation entière, (au lieu de s'arrêter à la première phrase, comme on a coutume de le faire), pour voir que Rousseau, qui a commencé par nommer « les Écritures », ne pense réellement qu'aux Évangiles; ou, mieux encore, à la personne de Jésus, au fait chrétien. Rousseau est précisément un exemple frappant de la corrélation étroite qui existe entre le fait chrétien et l'argument de conscience. Rousseau aurait certes été bien surpris, si l'on avait prétendu que sa déclaration allait au delà, et qu'étant frappé de la supériorité divine du Sauveur, il ne pouvait plus avoir d'objection contre aucun dogme, contre aucun livre de l'Ancien ou du Nouveau Testament! Avec sa rigoureuse logique, il aurait demandé pourquoi les apôtres n'auraient pas pu joindre des commentaires erronés au récit de la vie, de l'enseignement et de la mort de leur Maître? pourquoi les collecteurs des premiers siècles n'auraient pas pu mettre des récits apocryphes à côté des livres authentiques? pourquoi les collecteurs des prophètes n'auraient pas pu commettre des erreurs analogues? A supposer même que Rousseau eût admis une impression d'ensemble, il ne se serait pas interdit la critique des détails. Rien de plus vague qu'une impression d'ens mble; elle nous laisse toute notre liberté. Jamais une impression d'ensemble n'empêchera personne, ni de distinguer entre ce qui choque et ce qui édifie, ni de faire, au sein de l'ensemble, une part arbitraire et souvent fort large à l'humaine imperfection. Jamais elle ne forcera personne d'admettre en totalité les Juges, les Rois, les Chroniques, l'Ecclésiaste, le Cantique des cantiques, Esther et d'autres livres encore, par cela seul qu'ils sont reliés dans le même volume que les Psaumes, qu'Isaïe, que les Évangiles; par cela seul que le volume ainsi relié produit sur nous une puissante *impression d'ensemble!*

Il faut donc rejeter absolument, définitivement, et le témoignage de la conscience et les autres arguments analogues, à titre de démonstration suffisante des Écritures. Jamais on ne tirera de là ni la certitude de tous les livres, ni l'infaillibilité de tous les textes, ni la vérité de toutes les doctrines.

Cela dit, ajoutons que les arguments secondaires ont leur rôle à remplir : rôle immense et où rien ne saurait les suppléer.

Ils sont, en premier lieu, les vrais introducteurs de l'Évangile, les vrais arguments évangélistes et missionnaires. Ce n'est pas en commençant par démontrer l'autorité des Écritures, qu'on gagne les âmes à la vérité qui sauve. Aucun envoyé de Christ n'aborde une peuplade païenne en disant : Je vais vous prouver que ce livre est divin, puis vous serez logiquement contraints d'admettre ce qui y est contenu ! Aucun père n'adopte une telle marche avec son enfant; aucun visiteur chrétien, avec les malades ou les mourants. L'infaillibilité du Livre est (ne l'oublions pas) la conviction du missionnaire, du père, du visiteur; elle est le point de départ, le fait originaire, la base sans laquelle tout le reste s'écroulerait. Mais la prédication, qui s'appuie sur ce fait, ne débute pas par lui; c'est au moyen du contenu de la Bible, c'est au moyen de la Bonne Nouvelle, c'est au moyen de Christ lui-même, qu'elle a toujours touché et que jusqu'à la fin du monde elle touchera les cœurs. Apportez aux pauvres pécheurs ce qui seul les convertira : le pardon, la grâce, l'amour du Père et du Fils, les consolations du Saint-Esprit! — Dans un sens, le contenu du Livre est tout, et le Livre lui-même n'est rien : rien que la garantie nécessaire de ce contenu, qui s'évapore et disparaît, si le Livre cesse d'inspirer une confiance absolue. Ainsi, chaque argument a sa mission spéciale : l'argument principal écarte les doutes lorsqu'ils se produisent et maintient l'autorité des Écritures; les arguments secondaires, armés de cette autorité, disposant du droit qui en résulte, puisant ainsi dans la Bible comme dans une révélation écrite qui ne peut tromper, montrent l'accord de ces vérités divines avec les besoins les plus profonds et les plus sentis de l'âme humaine, remuent les consciences, émeuvent les cœurs, produisent la foi en dehors de tout raisonnement, de toute définition de la théopneustie ou du canon, de toute formule quelle qu'elle soit ! L'Évangile n'entre que par cette porte-là; avant que le Nouveau Testament fût écrit, on prêchait l'Évangile; à ceux qui ne savent pas lire ce qui est écrit, on prêche l'Évangile; ceux qui ignorent absolument les preuves de la Bible, reçoivent l'Évangile. Et non seulement on est converti sans savoir cela, mais on peut savoir cela et n'être pas converti; on peut croire que l'Écriture est la Parole de Dieu, et ne pas avoir ressenti la moindre atteinte de l'amour de Dieu en Christ.

Nous le voyons, la charge unique de l'argument principal consiste à maintenir l'entière certitude du Livre, où la prédication vient chercher ce qui remuera les consciences. En dehors de cette charge préliminaire dont l'importance ne serait pas impunément méconnue, il reste un champ bien vaste qui appartient presque exclusivement aux arguments secondaires; nous n'avons donc nulle envie de les rejeter ou de les amoindrir. Il y a plus, nous pensons qu'une part considérable leur est réservée, même dans l'œuvre spéciale de l'argument principal. Oui, tout impuissants qu'ils sont à établir, soit isolément soit collectivement, l'infaillibilité des Écritures, ils prennent une grande force dès qu'ils apparaissent ici à simple titre d'auxiliaires. Arrivant après l'argument principal, après ce témoignage éclatant et ineffaçable que le Sauveur n'a cessé de rendre à la formation divine, à l'inspiration constante du livre des révélations, les arguments secondaires revêtent la démonstration déjà complète d'une puissance en quelque sorte surabondante ; ils la rendent propre à faire pénétrer la conviction dans les esprits les plus divers lorsque ceux-ci sont d'ailleurs humbles et droits. Argument interne, argument externe, argument mystique, tout a son importance alors. L'argument *a priori* lui-même, apporte son contigent de conviction et de lumière : il n'est pas indifférent de constater que l'infaillibilité des Écritures, qui est certaine puisque Dieu l'atteste, est en même temps nécessaire, puisque sans elle il n'y a plus d'autorité objective nulle part.

Résumons-nous. — Nous ne prétendons pas diminuer les arguments secondaires ; nous prétendons les remettre à leur vraie place. Séparés de l'argument principal, ils ne sauraient démontrer le canon et l'inspiration plénière; ils ne sauraient établir que le fait chrétien dans son acception la plus indéterminée ; unis à l'argument principal, ils fondent si fortement l'autorité des Écritures, qu'ils lui donnent presque le caractère de l'évidence.

Toutefois, s'ils paraissent en seconde ligne sur ce terrain, il en est un autre qui leur appartient en propre : un terrain où l'argument principal n'a rien à faire. Ce n'est pas l'autorité de la Bible, c'est le contenu de la Bible qui touche, qui humilie, qui relève, qui console et qui convertit ; c'est le contenu de la Bible que l'on prêche ; c'est le contenu de la Bible que nos âmes sont appelées à recevoir.

Le contenu disparaîtrait bientôt en grande partie si le contenant était mis en doute. Cela est vrai. Néanmoins le contenu figure seul dans le travail de l'évangélisation.

L'Évangélisation part de l'autorité de la Bible comme d'un fait admis, comme d'un dogme fondamental et préliminaire en quelque sorte, accepté à titre d'axiome, ou établi au besoin par une démonstration antérieure. Son œuvre à elle, est de mettre les âmes pécheresses en présence de Celui qui a expié nos péchés par son sang. S'il est difficile de croire en Christ sans croire à la Bible, il est malheureusement facile de croire à la Bible sans croire en Christ: sans croire pour soi-même qu'on était perdu et qu'on est sauvé.

Notre cœur « *brûle-t-il au dedans de nous* lorsque Jésus nous parle par le chemin et qu'il nous explique les Écritures? » Voilà la question.

Le chrétien, ce n'est pas celui qui se contente de dire : « L'Écriture est la Parole de Dieu! » Le chrétien, c'est celui qui peut dire aussi : « Je sais une chose; j'étais aveugle, et maintenant je vois. »

1856.

INDIVIDUALITÉ
DES ÉCRIVAINS SACRÉS.

Répétons-nous, puisqu'on l'exige. Redisons ce qui a été si bien dit par M. Gaussen et par tous les défenseurs de la théopneustie après lui. Les objections ne sont pas variées; nos réponses ne sauraient l'être. N'importe, il faut ôter tout prétexte aux tristes attaques dont l'Écriture continue à être l'objet.

On nous accuse de prétendre que la Parole de Dieu était dans les apôtres *de la même manière* que dans l'ânesse de Balaam! — Nous avons soutenu une thèse un peu moins étrange : la Parole de Dieu est égale à elle-même, elle est aussi divine dans la bouche de l'ânesse que sous la plume de Paul.

Ceci nous semble évident, et nous attendrons qu'on le conteste sérieusement, ce qu'on n'a pas encore fait.

Quant au mode employé par le Seigneur pour faire parler théopneustiquement un animal et pour faire écrire théopneustiquement un apôtre, nous n'en avons pas reçu la confidence, ni nos adversaires non plus. Mais nous n'avons jamais eu la moindre velléité de supposer que le mode pût être le même dans les deux cas. Dans le premier cas, la passivité est absolue; dans le second, l'individualité la plus spontanée et la plus active joue évidemment son rôle.

Les prophètes, les apôtres, les auteurs anonymes des deux Testaments n'ont jamais été des machines. Rédigent-ils un récit? ils consultent les documents, ils interrogent leurs souvenirs, ils racontent de leur mieux. Composent-ils un psaume ou une épître? ils expriment leurs sentiments personnels, ils rendent grâce, ils dirigent, ils enseignent, selon les inspirations de leur prudence et de leur piété. Même en rapportant une vision, une révélation, une prophétie directe: « *Ainsi dit l'Éternel* » même en écrivant sous la dictée divine des choses qu'ils ne comprennent pas toujours, leur intelligence et leur cœur sont loin d'abdiquer; leur être moral conserve toute sa vie, toute sa liberté, toute sa vigueur.

Mais comment alors sont-ils conduits par le Saint-Esprit? Comment sont-ils entièrement préservés d'erreur? Comment leurs livres historiques et leurs livres didactiques, les uns à titre de récit, les autres à titre de doctrine, méritent-ils constamment le nom de Parole de Dieu? Comment! c'est là le mystère. Ceux qui ne veulent pas prendre leur parti d'ignorer cela, ont-ils sondé les autres mystères? Savent-ils *comment* la divinité et l'humanité coexistent en Jésus-Christ!

Pour ce qui nous concerne, il nous suffit de voir dans

la Bible l'attestation positive de ces deux faits; pleine individualité des écrivains, pleine inspiration des écrits. Nous les acceptons également, et nous attendons avec patience le jour où nous serons rendus capables de les concilier, le jour où nous connaîtrons comme nous avons été connus.

Les comparaisons, les images qu'on a proposées pour aider à l'intelligence du grand phénomène de la théopneustie manquent toutes de justesse. On a parlé du prisme qui décompose les rayons solaires; c'est ainsi, a-t-on ajouté, que la vérité céleste, présentée aux prophètes et aux apôtres, s'est divisée selon leurs facultés et leurs tendances spéciales; la lumière rouge a passé par celui-ci, la lumière jaune ou violette par celui-là. Après le prisme, sont venus les verres diversement colorés, qui donnent leurs teintes particulières au rayon, mais qui du moins ne le décomposent pas ; n'est-ce pas ainsi que la vérité céleste, toujours la même, passe par l'esprit d'un Moïse, d'un Isaïe, d'un Paul, d'un Jacques, d'un Jean, en empruntant les teintes successives de ces milieux, sans altérer en rien sa pureté parfaite?

Rien ne peint mieux que de tels essais d'explication, l'impossibilité radicale où nous sommes ici de rien expliquer. Nous sacrifions tantôt un des termes du problème, tantôt l'autre : tantôt le facteur divin, tantôt le facteur humain. — Avec le prisme, la divinité de l'Écriture s'efface; la lumière ne nous arrive plus que décomposée et dénaturée; la Bible ne nous apparaît plus que comme un immense spectre solaire; la vérité absolue n'est nulle part. Il faudrait un puissant travail de synthèse, pour essayer de refaire la Parole de Dieu au moyen de ces paroles d'homme, qui en contiennent les éléments épars.

— Avec les verres colorés, l'humanité de l'Écriture s'efface à son tour. Les auteurs sacrés ne sont plus que des instruments passifs, des milieux que traverse la lumière; elle prend sans doute en les traversant la couleur de leur caractère, de leurs études, de leurs habitudes, de leurs circonstances, de leur style; mais elle leur demeure étrangère, et ne se sert d'eux que comme d'un canal inerte pour arriver à son but.

Le mystère. subsiste donc et aucune image n'est exacte.

Jamais on ne dira assez à quel point la lumière est parfaite dans chacun des livres, dans chacune des phrases de la Bible! Partout c'est la lumière, plus ou moins abondante il est vrai; d'abord faible lumière d'une lampe qui éclaire dans un lieu obscur; à la fin, lumière du soleil. Néanmoins, la lumière de la lampe est de la lumière, aussi bien que celle du soleil; un verset de la Genèse est divin, infaillible, aussi bien qu'un verset de l'Épître aux Romains. Du commencement à la fin, dans les parties où la révélation commence et dans celles où elle s'achève, l'Écriture est la Parole même de Dieu.

Et, d'un autre côté, jamais on ne dira assez à quel point l'individualité est complète partout. Ce n'est pas seulement une individualité passive, machinale, qui, revêtant la lumière divine de certaines colorations accidentelles, s'appliquerait en quelque sorte par le dehors à une vérité de passage qu'elle n'aurait pas faite sienne et qu'elle ne donnerait pas comme sienne; c'est une individualité active et libre, qui exprime ce qu'elle sent, ce qu'elle sait; qui se meut réellement au milieu des difficultés et des circonstances locales; qui est de son temps et de son pays; qui aime les doctrines qu'elle proclame; qui est animée de la foi qu'elle cherche à répandre; qui a connu, qui connaît encore les luttes, les misères du péché; qui adresse à des hommes un langage complètement humain.

Nous ne décrirons pas après M. Gaussen (*Théopneustie*, 49, 50, 54, 74, 76, etc.) la manifestation éclatante de cette individualité, telle qu'elle se révèle dans nos saints livres. Les différences de conception et de style frappent les yeux les moins exercés. « Le fils de Zébédée, dit M. Gaussen, eût-il pu composer l'épître aux Romains telle que nous l'avons reçue de l'apôtre saint Paul? Qui penserait à lui attribuer l'épître aux Hébreux? Et quand les lettres catholiques de saint Pierre seraient dépourvues de leur titre, qui est-ce qui aurait l'idée de les donner à Jean? » Et plus loin: « Tant s'en faut que nous méconnaissions cette individualité humaine partout empreinte dans nos livres sacrés, qu'au contraire c'est avec une gratitude profonde, avec une admiration toujours croissante, que nous considérons ce caractère vivant, actuel, dramatique, humanitaire répandu avec tant de puissance et de charme dans toutes les parties du Livre de Dieu. Oui (nous nous plaisons à le dire avec les objectants) ici c'est la phrase, c'est le timbre, c'est l'accent d'un Moïse, là d'un saint Jean; ici d'un Ésaïe, là d'un Amos; ici d'un Daniel ou d'un saint Pierre, là d'un Néhémie, là d'un saint Paul. On les reconnaît, on les entend, on les voit; il est comme impossible de s'y méprendre. » Et plus loin encore: « Avez-vous lu les livres de Mahomet? Écoutez-le pendant une heure. Sous la pression de sa voix perçante et monotone, les oreilles vous tinteront. De la première page à la dernière, c'est toujours le cri de la même trompette, toujours le cornet de Médine, sonnant du haut d'un minaret de mosquée, ou d'un chameau de guerre ; toujours des oracles sybillins, aigres et durs sur un ton continu de commandement et de menace ; soit qu'il ordonne la vertu, soit qu'il commande le meurtre, toujours une seule et même voix, rèche et bruyante, sans entrailles, sans familiarité, sans larmes, sans âme, sans sympathie. »

Il faudrait donc que la Bible fût un Coran, pour satisfaire au programme de la théopneustie, telle que nos contradicteurs la conçoivent ! A les entendre, l'inspiration plénière ne saurait être qu'un oracle informe ! Qui dit variété, qui dit individualité, dit erreur ! — Ah ! nous rendons grâce à Dieu, qui nous donne sa Parole toujours infaillible sous une forme si humaine, si appropriée à nos besoins humains. Dans ce livre plein de mouvement et de vie, où la narration fait place à la prophétie, où le précepte côtoie l'action de grâces, où nous reconnaissons nos tentations, nos chutes, nos douleurs, nos doutes, nos désespoirs, nos relèvements, nos consolations ; dans ce livre progressif et divers, nous rencontrons partout le même Seigneur, les mêmes espérances, les mêmes menaces, les mêmes doctrines, la même vérité divine, en un mot : la même inspiration toujours complète et par conséquent toujours égale.

Telle est notre foi. Espérons que désormais il n'arrivera plus à personne de s'y méprendre. — Loin de nier l'individualité des écrivains sacrés, nous osons dire que seuls nous la maintenons entièrement. Pour conserver sans altération le côté humain de l'Écriture, il faut conserver sans altération son côté divin, comme il faut admettre la vraie divinité de Christ pour admettre sa vraie humanité. — La quasi-théopneustie, qui fait de l'inspiration une sorte de don permanent attaché à certains individus, est entraînée à imaginer des prophètes, des apôtres presque infaillibles et presque impeccables. Nous, nous les laissons se mouvoir dans les conditions ordinaires de l'humanité: ils se trompent, ils tombent, leur langage et leur conduite participent de la misère commune, et au moment même où ils accomplissent l'acte spécial de prophétie, soit écrite soit parlée, ils l'accomplissent avec leurs sentiments, avec leurs facultés, avec leur caractère. L'inspiration, consciente ou inconsciente, les trouve hommes et les laisse hommes. Il y a là une influence divine qui s'exerce mystérieusement; il n'y a ni suppression ni diminution quelconque de l'individualité.

1856.

OMISSION DU SAINT-ESPRIT

DANS LA DISCUSSION RELATIVE A L'AUTORITÉ DES ÉCRITURES.

I.

Il importe de réfuter les objections, à mesure qu'elles prennent quelque consistance et que les âmes sincères sont tentées de les accueillir. Or, celle-ci, que semblait recommander au début de la controverse un chrétien dont la voix doit toujours être écoutée avec respect[1], s'insinue maintenant chez beaucoup d'autres

1. *L'autorité de la Bible ne se démontre que par le Saint-Esprit.* — Premiers avertissements donnés aux disciples du Sauveur contre certaines opinions rationalistes sur l'inspiration de la sainte Parole, par l'auteur de : *les Semailles évangéliques*, etc.

En citant cette brochure, nous sommes loin de prétendre que son respectable auteur maintienne encore absolument le point de vue qu'il y a exposé d'une façon remarquable. La controverse nous a tous surpris et la controverse nous a tous instruits. Il n'est

chrétiens que sollicite à leur insu le désir de se dérober une fois pour toutes aux discussions, aux questions, aux arguments, au train de guerre en un mot, et au rude contact de la science incrédule.

Par quel moyen échapper à ces misères, c'est-à-dire aux conditions de la vie telle que Dieu l'a faite ? Le procédé est simple : on s'adressera au Saint-Esprit. Comme il est certain (et nous le rappelions naguère en examinant la dernière lettre de M. Scherer), comme il est certain que le Saint-Esprit seul renverse en nous les résistances créées par la chute ; comme il est certain que sans le Saint-Esprit nous ne pouvons accepter ni le contenu des Écritures, ni l'autorité des Écritures, ni la preuve des Écritures, on aime à se persuader que le Saint-Esprit est lui-même la preuve par excellence, on nous reproche de l'avoir omise, on nous invite à n'en plus chercher d'autres. Ceux qu'enseigne le Saint-Esprit, les convertis, les chrétiens, ne reçoivent-ils pas la Bible? Ceux que n'enseigne pas le Saint-Esprit, les inconvertis, les rationalistes, ne sont-ils pas incapables de la recevoir ? Donc, la preuve de la Bible, c'est le Saint-Esprit !

Un tel langage confond deux choses profondément distinctes : *la preuve* de la Bible, et *l'acceptation* de la Bible ; la solution des difficultés hors de nous, et la suppression de la résistance en nous.

S'agit-il de l'acceptation, du phénomène interne ? alors nous avons à rétablir la réalité et les limites de nos facultés, à définir notre compétence et notre

personne qui n'ait rectifié ses arguments pendant les cinq années de luttes que nous venons de traverser. Il serait donc fort injuste de caractériser la doctrine réelle et définitive d'un des champions de la Bible, d'après le premier cri d'alarme que lui a arraché la vue de l'ennemi.

incompétence, à adresser enfin les hommes au Saint-Esprit, qui seul nous met en état de faire taire la voix des affections viciées, d'écouter le témoignage rendu par notre raison et par notre conscience aux titres de la révélation.

S'agit-il, au contraire, de la preuve considérée en elle-même? les problèmes de la compétence humaine et de l'assistance divine ne se posent plus; il faut démontrer la vérité absolue du texte et la certitude absolue du recueil, indépendamment des répugnances du cœur mauvais et du moyen de la vaincre.

C'est dans cette seconde question que nous nous sommes enfermés, excepté lorsque M. Scherer, déplaçant la discussion, nous a sommés de déclarer si nous concevions l'homme partant d'autre chose que de lui-même, de la foi en lui-même, en ses facultés, en sa raison. Appelés sur ce nouveau terrain, nous avons répondu que l'homme partait effectivement et nécessairement de la foi en lui; mais qu'en lui, l'homme ne trouvait pas seulement une conscience intègre, une raison véridique, bien que limitée, qu'il y trouvait aussi un cœur corrompu. Nous avons fait voir qu'entre l'homme et les dogmes les mieux démontrés et les preuves les plus raisonnables, le cœur corrompu élevait des obstacles dont le Saint-Esprit seul pouvait triompher.

Nous nous sommes du reste attachés à maintenir la distinction fondamentale des deux problèmes : celui de la preuve et celui de l'acceptation ; celui qui se pose devant nous et celui qui se pose en nous ; le problème objectif et le problème subjectif [1].

1. Personne n'oserait prétendre que le Saint-Esprit soit le *salut*. Et cependant il est clair que le salut qui nous est acquis par le Fils, nous est appliqué par l'Esprit. En vain Christ serait-il mort

Cherchons à rendre ceci plus clair encore par un exemple:

Un professeur d'astronomie donnait à ses élèves la démonstration du système solaire. Or, un de ses élèves était aveugle ; en vain le maître couvrait-il la planche de figures et de calculs, le pauvre enfant se trouvait hors d'état d'en profiter; il fut renvoyé de la classe, et placé aux mains d'un médecin qui lui fit l'opération de la cataracte; une fois guéri, l'écolier suivit la démonstration et la comprit. — Un second élève n'avait pas achevé ses études classiques et ne possédait pas les connaissances préalables qui l'auraient mis à même de saisir les leçons d'astronomie; on engagea ses parents à le placer au collège et à l'y laisser, jusqu'à ce qu'il eût passé l'examen du baccalauréat; cela fait, l'écolier revint et comprit la démonstration du professeur. — Un troisième élève était absolument indiscipliné, il ne voulait ni écouter ni s'instruire, ; il fut retiré par sa famille, qui s'attacha à compléter son éducation morale; quand il eut donné des preuves suffisantes de bonne volonté, on l'admit de nouveau à la classe d'astronomie, et il comprit la démonstration du système solaire.

Cette démonstration, on en conviendra, est tout à fait distincte de la suppression des obstacles qui s'opposent à son acceptation. Qu'un élève soit aveugle, ignorant ou indocile, cela n'ôte rien ni à la valeur ni à la clarté de la démonstration. Et, d'un autre côté, quand

pour nous, si le Défenseur n'agissait en nous et ne nous rendait capables de nous approprier l'œuvre parfaite de Christ. La distinction ici est plus généralement admise, aussi n'y insisterons-nous pas. Il nous suffit d'avoir rappelé qu'elle est exactement identique à celle qui existe entre la preuve et l'appropriation de la preuve.

les obstacles personnels ont été enlevés, ce n'est pas la démonstration qu'on a opérée, c'est son acceptation qu'on a rendue possible. Personne ne s'avisera de dire: « L'opération de la cataracte est la démonstration du système solaire » : ou « le diplôme de bachelier est la démonstration du système solaire » ; ou « le complément de l'éducation morale est la démonstration du système solaire ».

Or, ce qu'on n'oserait pas dire lorsqu'il s'agit de la preuve astronomique, on le dit lorsqu'il s'agit de la preuve religieuse, puisqu'on prétend que le Saint-Esprit est la preuve de l'Écriture! — Le Saint-Esprit ouvre les yeux de l'aveugle, communique à l'ignorant les trésors de la science révélée, change les dispositions du cœur perverti; et alors la preuve, qui n'en était pas plus mauvaise pour être rejetée, est admise sans avoir été modifiée en rien. Elle existait, mais on ne voulait pas la voir : de même que la doctrine de Jésus existait, quoique ses auditeurs ne voulussent pas la saisir. Jésus ne renonçait pas à présenter la vérité, parce qu'elle apparaissait au milieu des aveugles et des sourds. Que faisait-il? Il les exhortait à se tourner vers Celui qui ouvre les yeux et les oreilles. Il s'écriait : « Heureux ceux qui ont des yeux pour voir et des oreilles pour entendre! »

Imitons notre Maître. Rappelons l'incapacité de l'homme déchu; rappelons que « l'homme animal ne peut comprendre les choses de l'Esprit de Dieu » ; que cet Esprit, qui s'offre à tous, fait seul cesser, chez ceux qui ne le rejettent pas, la haine naturelle que nous inspirent et le contenu de l'Écriture, et l'Écriture elle-même, et le principe d'une autorité divine. Rappelons cela ; mais n'allons pas méconnaître que la preuve est une chose toute différente et que la preuve est nécessaire. Le professeur d'astronomie a donné sa démonstration du système solaire, quoique tous les élèves ne l'aient pas comprise ; et quand les élèves exclus lui ont été ramenés, il ne s'est pas avisé de leur dire : « Vous êtes guéris, instruits, corrigés ; donc vous n'avez pas besoin de ma démonstration. »

Prétendra-t-on que la comparaison n'est pas exacte, qu'une démonstration astronomique est sans rapports directs soit avec la guérison de l'élève aveugle, soit avec l'éducation de l'élève ignorant ou indiscipliné, tandis qu'il existe une relation étroite entre la preuve de la Bible et l'action du Saint-Esprit en nous ? Nous sommes loin de le nier. Certainement l'âme qui, par l'Esprit de Dieu, a goûté l'Écriture, possède, à l'égard d'un très grand nombre de passages, une certitude inébranlable, une preuve d'un prix immense. Toutefois, elle ne possède ni la preuve de l'inspiration plénière, ni celle du canon ; la question de l'autorité de la Bible ne se trouve en aucune façon résolue pour cette âme-là.

Il est étrange, avouons-le, le raisonnement que beaucoup de chrétiens se permettent de faire chaque jour : « Voici des pages qui touchent mon cœur, voici des paroles que le Saint-Esprit applique aux besoins les plus intimes de mon âme, donc la Bible entière est la parole de Dieu ! Le soleil se démontre-t-il ? celui qui contemple son éclat et qui sent la chaleur de ses rayons demande-t-il une autre preuve ? J'ai éprouvé la puissance de la Bible, irai-je contester son autorité ? Elle m'a fait tant de bien, et elle ne serait pas divine ! »

Si les incrédules argumentaient avec un pareil sans-gêne, nous en serions indignés, et nous aurions raison.

Cependant, ceux qui parlent ainsi sont des hommes graves, pieux, et souvent, des hommes distingués. Cette grande pétition de principe a déjà bien des siècles de date, elle se retrouve chez Calvin, et le XVIe siècle en a fait grand cas. Sachons enfin rompre avec cette tradition comme avec les autres.

Qui de nous pourrait déclarer *sincèrement* que le Saint-Esprit lui a révélé le canon? Que le grand Consolateur lui a fait sentir la divinité des généalogies, de tous les chapitres d'Esther, des Chroniques, de l'Ecclésiaste?

Qui de nous pourrait déclarer *sincèrement* que le Saint-Esprit lui a révélé la théopneustie? que le Saint-Esprit lui a fait sentir l'impossibilité absolue d'une erreur quelconque dans les chapitres même qui l'édifient le plus?

Ces textes choisis qu'on met en avant, ces textes qui portent effectivement avec eux leur propre démonstration lorsque le Saint-Esprit les applique à nos âmes, ces passages dont le nombre s'accroît sans cesse par l'effet d'une foi complète à l'autorité des Écritures, ces versets dont l'action vivante sur nos cœurs constitue une de nos preuves secondaires les plus admirables, n'ont aucune valeur comme preuve principale, car ils n'ont rien à nous apprendre sur l'origine et sur l'infaillibilité des écrits réunis dans un même volume à leurs côtés.

Ceux qui en douteraient n'ont qu'à consulter l'histoire, ils n'ont qu'à regarder autour d'eux. — Luther était membre du corps de Christ et vivait à l'école du Saint-Esprit, lorsqu'il repoussait l'Apocalypse et l'épître de Jacques, précisément parce qu'elles blessaient, disait-il, son sentiment chrétien. De nos jours, bien des frères avec lesquels nous luttons au sujet de l'autorité des

Écritures, des frères qui relèvent les erreurs de la Bible, qui contestent son canon, n'appartiennent-ils pas à l'Église des premiers-nés et à l'école du Saint-Esprit? Il n'y a pas jusqu'aux hommes les plus soumis à l'autorité de la Bible qui ne se fassent illusion, en pensant que l'Esprit a rendu témoignage en eux à chaque partie, à chaque mot du saint livre : en effet, il leur est arrivé de trouver parfois une édification particulière dans telle expression inexacte, née d'une erreur de traduction.

II.

Défions-nous de la fausse spiritualité. S'il est déplorable de ne pas rendre gloire au Saint-Esprit et de l'omettre quand on parle de ce qui est son œuvre, il n'est pas moins déplorable de lui attribuer une œuvre qui n'est pas la sienne. Ceux qui le nient n'ont guère fait plus de mal ici-bas que ceux qui le dénaturent.

Partant de cette vérité évidente : Dieu n'a besoin de personne, on en conclut cette grosse erreur : Dieu ne se sert de personne. Où apparaît l'action divine, on croit faire merveille en supprimant toute instrumentalité. — Dieu seul protége; donc ne réclamons pas nos droits! Dieu seul convertit; donc cessons d'évangéliser ! Dieu seul fait comprendre et goûte sa Parole; donc il est inutile de démontrer la théopneustie et le canon ! Pourquoi ne pas ajouter : Dieu seul fait mourir et fait vivre; donc il est inutile de manger!

On n'ira pas jusque-là; mais on nous demandera gravement si l'œuvre de Dieu n'est pas parfaite, si les chrétiens ne sont pas conduits en toute vérité, si la science et les argumentations peuvent ajouter quelque chose à l'action du Saint-Esprit chez les convertis, ou suppléer à cette action chez les mondains ?

La Bible ne nous annonce nulle part que, parce que l'œuvre divine est parfaite et indispensable, l'œuvre humaine devienne superflue. Partout, au contraire, elle nous invite à l'action ; partout elle établit un mystérieux lien entre cette action volontaire et l'accomplissement des desseins immuables du Seigneur.

Les argumentations, dites-vous, ne peuvent rien ajouter à l'action de l'Esprit-Saint chez les convertis ! — C'est une erreur. Elles font leur œuvre, œuvre capitale, bien qu'elle demeure stérile sans celle du Saint-Esprit. Voyez les convertis dont la foi aux Écritures est vacillante, misérable ; qui tantôt rejettent une portion du livre de Dieu, tantôt essayent de croire, les yeux fermés, à la théopneustie et au canon. Voyez-les, mal à l'aise vis-à-vis des questions, cherchant à étouffer les controverses, rompant avec les recherches, redoutant la vraie science, s'enfermant dans une ignorance systématique et dans une sorte d'obscurantisme. Assistez ensuite à leur affranchissement, admirez leur joie, leur force, leur liberté d'allures, leur sainte largeur, leur confiance en leur cause, leur hardiesse vis-à-vis de l'ennemi, dès qu'ils sont en possession de la preuve, dès qu'ils reçoivent les Écritures infaillibles des mains infaillibles du Sauveur, dès qu'ils contemplent ce souverain témoignage, accompagné du beau cortège des arguments secondaires qui l'appuient et qui le glorifient de toutes parts. Maintenant ils n'auront peur d'aucune attaque ; maintenant ils poseront les questions dans leur véritable preuve ; maintenant le modèle apostolique sera réellement obligatoire à leurs yeux; maintenant les institutions ecclésiastiques et charitables seront toujours pesées par eux aux balances du sanctuaire. Direz-vous qu'ils n'aient fait aucun progrès?

Et quant aux inconvertis, devons-nous avouer que la preuve n'a rien à leur apprendre? Sans doute elle ne saurait suppléer à l'action du Saint-Esprit; mais elle n'en a pas moins son office à remplir. Les hommes qui luttent contre l'autorité des Écritures, et qui ne s'y soumettront que lorsqu'une influence divine aura supprimé les répugnances de leur cœur, ces hommes ont cependant une conscience et une raison. La force de la preuve les trouble; la confiance que leur inspirait la science rationaliste s'affaiblit, sans qu'ils veuillent en convenir; ils sont moins éloignés qu'ils ne l'étaient de céder aux sollicitations du Saint-Esprit. Nous prouvons la Bible aux inconvertis pour qu'ils se convertissent, de même que nous leur prêchons la Bible pour qu'ils se convertissent. Sinon, fermons la bouche, croisons-nous les bras, et attendons dans une immobilité absolue que le Saint-Esprit fasse son œuvre!

Ah! si nous désirons que les incrédules restent incrédules, adoptons un tel système. Que voulez-vous qu'ils pensent, lorsque à leurs attaques nous répondrons simplement : « Il ne nous convient pas de discuter avec les impies; nous méprisons la science; et d'ailleurs, nous n'avons point de preuve à lui présenter; notre preuve à nous est toute intérieure; le Saint-Esprit nous démontre la Bible; il la démontre à l'Église des premiers-nés; quand nos adversaires seront membres de l'Église des premiers-nés, ils connaîtront la preuve; qu'ils pensent comme nous, et ils seront convaincus comme nous! »— Qu'apercevra-t-on là, sinon un aveu d'impuissance? Autre sera, certes, notre situation vis-à-vis des adversaires, lorsque, fournissant une preuve qui nous justifie de l'accusation de foi aveugle, une preuve que la raison est bien obligée au fond de trouver valable, une preuve à laquelle rien de solide n'est évidemment opposé, nous ajoutons que la démonstration, quoiqu'elle soit complète en logique, demeure insuffisante en fait, pour quiconque refuse au Saint-Esprit l'entrée de son cœur.

Le rôle du Saint-Esprit est immense, on ne saurait assez en signaler l'importance et la grandeur ; mais n'allons pas fausser ce rôle sous prétexte de l'agrandir. Transformer le Saint-Esprit en preuve de la Bible, c'est attendre de lui des révélations, des inspirations directes; c'est se placer, par conséquent, sur la voie des illusions funestes qui ont engendré l'illuminisme, le mysticisme, la révolte la plus respectueuse, la plus raffinée et la plus dangereuse peut-être contre l'Écriture.

Un homme qui saurait par le Saint-Esprit qu'aucune erreur ne s'est glissée dans aucun livre de la Bible; un homme qui saurait par le Saint-Esprit que tous les écrits du saint volume sont entièrement canoniques, serait un homme inspiré; cet homme aurait reçu des révélations proprement dites.

Telle n'est pas l'œuvre actuelle du Saint-Esprit. Il nous fait saisir la preuve, il la rend vivante en nous; il n'est pas la preuve, pas plus qu'il ne sera le dogme ou la règle[1]. Ceux qui disent : « Le Saint-Esprit me

1. Que de fausses doctrines ont eu recours à la démonstration mystique, à l'hypothèse qui transforme l'action du Saint-Esprit en preuve de la vérité : les anciens anabaptistes et leurs révélations; les quakers et leur *lumière intérieure;* puis, de nos jours,

donne lui-même la théopneustie et le canon » doivent être mis à côté de ceux qui disent : « Le Saint-Esprit me donne telle ou telle doctrine; je sais qu'elle est vraie, *car je suis pleinement persuadé dans mon esprit.* »

Ceci est un principe d'une gravité extrême. On sait où l'on va par le chemin du sentiment, lorsque cessant de s'enfermer dans ce qui est écrit on procède par impressions ; Cela est divin, puisque cela m'édifie. Je suis convaincu, je sens, la voix intérieure m'a parlé!

« L'Esprit de Dieu rend témoignage avec notre esprit que nous sommes enfants de Dieu. » Rien n'est plus certain; et néanmoins, que penseriez-vous d'un homme qui se déclarerait enfant de Dieu par cela seul qu'il *se sent tel,* parce qu'il a la conviction que l'Esprit de Dieu en rend témoignage avec son esprit? Que penseriez-vous d'un homme qui n'appuierait pas sa confiance sur le sacrifice de Christ, sur la foi en Christ, mais sur son propre sentiment?

et en descendant beaucoup, la grossière imposture du mormonisme! — Son champion le plus récent, M. Stenhouse, en appelle à cet argument sans réplique: « Nous avons pris la plume, dit-il, non pour affermir nos frères dans la foi ; chacun de nous, s'il est fidèle, reçoit un témoignage personnel et certain de la vérité de cette œuvre. » (*Les Mormons et leurs ennemis,* VI.) Et plus loin (p. 124), à propos de la polygamie: « Tout membre de l'Église de Jésus-Christ des derniers jours, s'il est dans de bonnes dispositions, s'il a banni de son cœur l'iniquité et la convoitise, possède individuellement l'*évidence* de la divinité de cette Église et des enseignements révélés. Ainsi, pour nous, la légitimité du mariage patriarcal ne peut pas être mise en question. »

Il est plus facile, en effet, d'en appeler à l'évidence intime, que de faire accepter à des chrétiens le ridicule et odieux factum dont la meilleure réfutation sera toujours une fidèle analyse. L'évidence intime prouve aux saints des derniers jours que le *Livre de Mormon* est une nouvelle Bible, qui doit compléter l'ancienne, et cela leur suffit. Une telle leçon sera-t-elle perdue?

« L'onction du Saint nous instruit de toutes choses. » Rien n'est plus certain ; et néanmoins, que penseriez-vous d'un homme qui chercherait son instruction dans l'onction du Saint, au lieu de la chercher dans l'Écriture expliquée par l'onction du Saint et accompagnée d'ailleurs de tous les secours que Dieu lui-même a institués : offices ecclésiastiques, surveillance, prédication des pasteurs, science des docteurs? que penseriez-vous d'un homme qui prétendrait que l'onction l'instruisant de tout, il doit non seulement secouer toute *autorité* autre que la Parole de Dieu expliquée par le Saint-Esprit, mais refuser de rien apprendre ni des hommes ni de l'Écriture?

Répétons-le encore, le Saint-Esprit n'est ni le dogme ni la règle, ni la preuve ; il est Celui sans la souveraine instruction duquel notre cœur révolté nous empêcherait constamment d'accepter le dogme, la règle et la preuve. Il faut que le subjectivisme soit une tendance bien naturelle à notre époque, puisqu'il reparaît ainsi jusque dans les rangs de ceux qu'indigne le plus la levée de boucliers de la nouvelle école ! Que font-ils en effet, lorsqu'ils nous engagent à considérer le Saint-Esprit comme la preuve de la Bible, lorsqu'ils veulent réduire leur argument à ceci : J'ai éprouvé dans mon âme la puissance divine de bien des textes, donc le Saint-Esprit m'a donné en moi la démonstration suprême des Écritures? Ils appliquent à leur manière la grande maxime de M. Scherer, *l'assimilation*. Ils font à leur insu de l'assimilation, ils font de l'approbation personnelle le critère de la vérité. Attendez quelques jours, et la conséquence naîtra du principe : on rejettera comme indifférent ou comme faux ce qu'on n'aura pas pu s'assimiler.

Concluons.

Il n'est pas vrai que le Saint-Esprit ait été *omis* dans la démonstration de l'autorité des Écritures. Malheur à nous, si l'on parvenait à l'y introduire!

Mais il est très vrai que l'acceptation des Écritures, l'acceptation complète, confiante, personnelle, n'a lieu que par le Saint-Esprit. — Implorons donc avec instance le secours du Consolateur. Sachons que sans Lui tous nos efforts seront vains, toutes nos discussions stériles.

1856.

UN FAIT.

L'attitude de Jésus-Christ vis-à-vis de l'Ecriture est un fait avant d'être un argument. C'est un fait simple, un fait clair, un fait historique attesté par des documents historiques. Rien au monde ne peut empêcher que Jésus-Christ n'ait employé le recueil des saints Livres comme un recueil divinement certain, et n'ait cité les Livres eux-mêmes comme divinement infaillibles. Non seulement le Maître a agi de la sorte, mais ses disciples ont tous suivi cet exemple et professé à l'envi cette croyance. Ils l'ont professée, ils l'ont appliquée dans tous leurs écrits, sans excepter ceux qui avaient pour but de condamner les préjugés judaïques. Quand ils introduisent l'Écriture à titre de décision, et quand ils l'introduisent à titre d'illustration; quand ils la reproduisent textuellement, et quand ils se contentent d'en donner le sens ou même de lui emprunter une allusion plus ou moins lointaine, toujours ils se montrent persuadés que l'Écriture est vraie : vraie dans toutes ses parties, vraie en dépit des répugnances et des résistances, toujours ils lui attribuent un caractère éclatant d'autorité.

Voilà le fait. Je tiens aujourd'hui à ne le compliquer d'aucune argumentation. Les argumentations excitent la défiance. Je me contente de dire ceci au lecteur :

Ouvrez votre Nouveau Testament; examinez si mon assertion est fondée, si le Sauveur et les apôtres voient dans l'Ecriture un recueil contestable ou un recueil que la Providence divine a rendu certain, s'ils voient dans l'Ecriture une révélation mélangée d'erreurs ou une révélation préservée d'erreurs. Examinez cela, et rien de plus. Examinez, au moyen de vos propres yeux et par vos propres lumières, sans consulter les théologiens, qui trop souvent parviennent à obscurcir l'évidence. Le fait vaudra ce qu'il pourra; je ne vous demande que de le constater. Libre à vous de penser après qu'en faisant appel à l'Écriture Jésus-Christ sous-entendait *la portion spirituelle de l'Écriture*, ou que sa conscience religieuse n'apercevait que cela et *que le reste n'existait en quelque sorte pas pour lui*, ou qu'il agissait ainsi *par concession, par accommodation, par ignorance!* Libre à vous de vous mettre l'esprit à la torture afin d'imaginer une suppression tacite des garanties de la révélation opérée par la venue du Sauveur, une déchéance subite en vertu de laquelle la fin de l'Écriture serait de tous points inférieure à son commencement, incertaine comme recueil, faillible comme contenu ! Vous raisonnerez plus tard. Je ne vous propose en ce moment que de résoudre une question de fait. Des écrivains dignes de foi vous racontent la façon d'agir de Jésus-Christ. Regardez son exemple, oubliez qu'il est une preuve.

Et maintenant, en face de cet exemple, plaçons les théories qui prétendent réformer nos vieilles idées au sujet de l'Écriture; écoutons le subjectivisme conséquent et le tiers parti, la *Revue de Strasbourg* et la *Deutsche Zeitschrift*, M. Scherer et M. Tholuck.

La thèse fondamentale de M. Scherer, c'est la négation de l'autorité, de l'acceptation en bloc, de la soumission à ce qui est écrit, par cela seul que l'Ecriture est la Parole de Dieu. M. Scherer reconnaît que Jésus-Christ a semblé penser autrement, que Jésus-Christ n'a pas tenu compte des objections que soulève, selon lui, l'authenticité de quelques livres de l'Ancien Testament, le contenu de quelques autres, l'inspiration absolue de tous. « On se demande, ajoute-t-il, comment le Seigneur a pu se mettre en contradiction si patente avec notre critique et notre herméneutique... » Et plus loin : « Il semble impossible que Jésus-Christ n'ait pas senti que la prophétie messianique est bien peu spirituelle, que le Ps. CX en particulier ne peut s'appliquer littéralement à sa personne, que le Cantique des cantiques n'est pas précisément l'expression d'un amour mystique, enfin que les récits du livre de Daniel sont plus bizarres qu'édifiants [1] ! »

De l'aveu de tous, Jésus-Christ admet ce que le subjectivisme repousse : l'autorité et l'acceptation en bloc. Les livres de l'Écriture sont au-dessus de la critique, par cela seul que la Providence divine les a introduits dans le canon. Les enseignements de l'Ecriture sont

1. *Revue de Strasbourg*, I, 70, 83, 155, 157.

vrais, par cela seul qu'ils figurent dans les saints Livres et indépendamment de notre approbation : voilà ce que le Sauveur proclame, voilà ce que l'école moderne repousse. — Je ne discute pas, je raconte. Poursuivons.

M. Scherer a résumé ses idées, il y a deux ans, dans un article intitulé : *Ce que c'est que la Bible.* Qu'on me permette quelques citations :

« Autant il est vrai que le croyant reconnaît l'Esprit de Dieu dans la Bible, autant il est vrai aussi qu'il ne l'y reconnaît pas partout, ni partout également, et qu'il le reconnaît ailleurs que dans les pages du recueil canonique. » — « La Bible a si peu le monopole de l'inspiration, qu'il y a des écrits non canoniques dans lesquels l'inspiration est bien plus sensible que dans tel écrit biblique. » — « Nous en dirons autant de la distinction entre une partie de l'Écriture et une autre partie... Le fidèle fait, à part soi et en dépit de lui-même, une différence entre les auteurs canoniques, entre les divers écrits de ces auteurs et entre les diverses parties de ces écrits. Il sent l'Esprit de Dieu se manifester avec évidence, parce qu'il se manifeste avec puissance, dans la plupart des psaumes et des prophéties; il ne le sent pas au même degré dans la Loi ou dans les Proverbes, et il a de la peine à le trouver dans l'Ecclésiaste ou dans le Cantique... C'est ce jugement fondé sur la nature des choses qu'exprime la distinction entre la Parole de Dieu et l'Écriture, c'est-à-dire entre le fond et la forme, entre le caractère religieux pur et l'inévitable alliage fourni par les conditions humaines de tout écrit [1]. »

M. Scherer s'occupe ensuite de déterminer le principe

1. *Revue de Strasbourg*, IX, 369, 370.

constitutif du canon. A ses yeux, les écrits canoniques ne sont guère autre chose que « la littérature classique des grandes époques religieuses. » — On sent tout ce qu'une pareille définition laisse subsister d'incertitude dans la détermination du recueil. Avec sa loyauté ordinaire, M. Scherer le déclare nettement :

« Le propre de la notion orthodoxe de l'inspiration est d'enfermer le canon dans des limites rigoureusement déterminées, mais que la conscience chrétienne ne reconnaît pas, et que la critique tend sans cesse à renverser, au risque de renverser en même temps le canon même. Le propre d'une notion plus religieuse et en même temps plus historique est, au contraire, de laisser les limites du canon indécises... La circonférence extrême du canon se compose de ces livres dans lesquels le souffle inspirateur semble épuisé... L'Ancien Testament se dispose comme de lui-même sur un plan semblable. L'esprit théocratique se concentre dans la loi mosaïque, révélation constitutive du mosaïsme; il se répand à des degrés différents d'intensité dans les prophètes et les hagiographes, et il jette un dernier rayon dans les livres connus sous le nom d'apocryphes de l'Ancien Testament [1]. »

Enfin, cette Écriture que Jésus-Christ et les Apôtres ont citée comme infaillible et certaine, n'est pas seulement inégale, tantôt très inspirée et tantôt très peu; elle renferme encore des livres qui n'ont aucun titre pour y figurer :

« Il s'en faut de beaucoup que tous les livres dont est composé le recueil biblique justifient la place qu'ils y occupent par la manifestation de l'esprit qui s'y

1. *Revue de Strasbourg*, IX, 371, 372, 374.

déploie. Le genre même auquel plusieurs de ces livres appartiennent exclut jusqu'à un certain point les caractères de l'inspiration. Nous voulons parler des livres historiques de la Bible. La préoccupation des auteurs de ces livres est de dire tout ce qu'ils savent; ce sont de simples chroniqueurs, souvent de simples compilateurs, des échos plus ou moins fidèles de la tradition... Qui oserait parler de l'inspiration des livres de Samuel ou de Ruth, des Rois ou des Chroniques[1]?..... »

Le tiers parti est plus prudent; il pose les mêmes principes destructeurs, mais il évite d'en tirer des conséquences aussi extrêmes. Aussi jouit-il d'un crédit considérable. Seul ou presque seul, il domine et enseigne dans les chaires orthodoxes de théologie autour desquelles se forment les pasteurs nationaux de nos pays de langue française. On compte, à l'heure qu'il est, les jeunes ministres qui échappent à son influence, qui ne se rattachent pas aux théories de Neander et de Tholuck, qui ne soumettent pas le recueil à la critique, qui admettent l'infaillibilité absolue du contenu, qui consentent, en un mot, à accepter l'Écriture comme l'acceptait Jésus-Christ.

Je ne discute pas plus avec le tiers parti que je n'ai discuté avec le subjectivisme conséquent. Je ne démontre pas aujourd'hui, je montre. On a vu ce qu'était la Bible pour le Sauveur; on vient de voir ce qu'elle est pour M. Scherer; on va voir ce qu'elle est pour les pieux chrétiens dont il faut bien que nous combattions l'erreur fatale, quoique nous leur soyons unis d'ailleurs par tant de liens de foi, d'œuvres communes et d'amour

1. *Revue de Strasbourg*, IX, 375.

fraternel. — Personne n'a mieux exposé leur théorie que le docteur Tholuck; ses articles sur *l'inspiration*, publiés dans la *Revue théologique* de Néander, disaient à merveille, il y a six ans, tout ce que les livres et les journaux du parti n'ont cessé de répéter depuis lors. Je me contenterai donc d'analyser ou de rappeler quelques passages du travail de Tholuck.

La grande distinction qui, selon lui, doit servir de base à la théorie de l'inspiration, c'est la distinction entre l'essentiel et le secondaire, entre les choses qui appartiennent à la piété et celles qui lui sont étrangères. La portion essentielle et vraiment religieuse de l'Écriture mérite seule le nom de Parole de Dieu, elle a seule été préservée d'erreur par l'action miraculeuse du Saint-Esprit. Tholuck admet des erreurs et des erreurs multipliées dans la partie historique des saints Livres.

« Nous trouvons, dit-il, dans l'Ancien et dans le Nouveau Testament des preuves nombreuses d'inexactitude en matière de fait... Dans beaucoup de passages où nous sommes en mesure de comparer l'Écriture à l'Écriture, apparaissent des contradictions qu'il est impossible de lever ou qu'on ne lève que très imparfaitement. »

Cela posé, Tholuck commence à indiquer ces contradictions soi-disant insolubles, et annonce qu'il n'en signalera que quelques-unes, bien qu'elles soient « innombrables. »

Ailleurs, il approuve Hengstenberg qui reconnaît que la Genèse peut contenir des contradictions, à cause de la diversité des sources où Moïse a puisé. L'auteur sacré a reproduit l'histoire des anciens temps, telle que la tradition la lui donnait!

Tholuck découvre de nombreuses divergences entre les vieux documents des livres de Samuel et le développement qu'ils reçoivent en partie dans le livre des Chroniques. « On trouverait, écrit-il, bien des choses de ce genre dans l'Ancien Testament. »

Pourquoi s'en étonner? L'Écriture n'a-t-elle pas un côté humain par lequel elle doit participer à la faillibilité de l'homme?

Pourquoi s'en effrayer? La partie dogmatique de l'Écriture, celle qui constitue l'objet de la foi, n'est-elle pas infailliblement révélée? Et pour le reste même, la surveillance négative du Saint-Esprit n'a-t-elle pas préservé d'erreur ce qui est « essentiel? » Quel besoin avons-nous de certitude absolue, quand il s'agit de détails historiques, chronologiques et géographiques?

Vous voudriez savoir où passe la ligne de séparation entre l'essentiel et le non essentiel, entre l'inspiré et le non inspiré. Le docteur Tholuck ne vous le dira pas. Chacun en jugera sans doute pour son compte et à sa façon. Tholuck tombe ici dans la théorie du subjectivisme et du mysticisme, la seule qui demeure debout quand on a repoussé la théopneustie. Écoutez son langage: « Nous partons du principe sur lequel repose chez le chrétien la croyance divine à l'inspiration de l'Écriture, et nous disons que partout cette croyance est inséparable de la foi au contenu divin [1]. »

Voilà ce que devient l'inspiration, aux mains du tiers parti. Quant au canon, on sait trop avec quel ensemble et quel éclat « les droits de la science » ont été réclamés, pour que j'aie besoin d'y insister ici. Pas un de ces théologiens qui ne tienne à rejeter ou à pouvoir rejeter son livre prophétique ou son épître. La critique sacrée

1. Voir *Deutsche Zeitschrift* (1850), 129, 131, 329, 332, 342, 345, 346.

siège sur son tribunal et elle y siégera jusqu'à la fin; jamais il ne nous sera permis d'admettre comme Jésus-Christ la parfaite et divine exactitude du recueil des Écritures. Là encore Tholuck a formulé l'opinion commune, mais par un simple mot jeté en passant à l'adresse des esprits serviles dont la tranquillité serait troublée s'il se trouvait « que quelques livres non canoniques eussent été compris dans le canon [1]. »

Je ne voulais qu'établir un fait; ma tâche est terminée. Il est certain, en fait, que Jésus-Christ a vu dans l'Écriture un canon providentiellement parfait et une inspiration constamment infaillible; il est certain que le subjectivisme conséquent et le tiers parti déclarent le canon contestable et l'inspiration intermittente.

Je n'argumente pas; je ne tire pas de conclusions. Ou plutôt, je laisse à chacun le soin d'argumenter et de conclure. La grandeur, la beauté, la puissance de la preuve populaire, fondée sur le témoignage du Sauveur; ce qui fait qu'elle excitera toujours autant de sympathie chez les simples que d'horreur chez la plupart des théologiens de profession, c'est qu'elle peut se passer de l'appareil scientifique et du syllogisme. Elle est, je le répète, un fait, avant d'être un argument. Jésus-Christ a pensé d'une manière; les écoles modernes pensent d'une autre. Qui a raison? Tels sont les termes du débat.

Si les contradictions dont on parle étaient réelles, Jésus-Christ les aurait-il ignorées? Si les passages que l'on signale blessaient réellement la conscience, la conscience de Jésus-Christ n'en aurait-elle pas été blessée? Si les livres que l'on rejette avaient été indignes de figurer

1. *Deutsche Zeitschrift* (1850), 346.

au canon, Jésus-Christ aurait-il invoqué le recueil admis par les Juifs? Si l'erreur et la vérité s'étaient rencontrées dans l'Écriture, Jésus-Christ en aurait-il appelé à l'Ecriture, comme à la vérité décisive et souveraine?

Notre Seigneur n'enseignait assurément ni l'exégèse, ni la critique sacrée, pas plus qu'il ne traitait des questions de géologie ou d'histoire; mais il enseignait encore moins le mensonge. Or, l'opinion de ses compatriotes sur l'Écriture était un mensonge, un mensonge énorme, le plus dangereux des mensonges, pour peu que MM. Scherer et Tholuck aient raison. Le Sauveur, qui n'a certes pas ménagé les autres traditions juives, adopte expressément et persévéramment celle-là. Tel est le fait; j'ai promis de ne pas toucher à la théorie.

Entre la croyance de Jésus-Christ et celle de nos écoles modernes, je vois tout juste la distance qui sépare la souveraineté de Dieu et la souveraineté de l'homme en matière religieuse. Plus d'une fois, sans doute, les théologiens pieux des siècles passés avaient porté une main coupable sur la théopneustie ou sur le Canon; mais ces imprudences n'avaient rien de systématique; elles s'alliaient, en dépit de la logique, avec la foi universelle et incontestée à l'infaillibilité des Écritures. Désormais, il en sera autrement, et nul ne peut se méprendre sur la portée des attaques dont nous sommes témoins. Aurons-nous une Bible, ou n'en aurons-nous plus? La base unique de la foi individuelle subsistera-t-elle, ou périra-t-elle (autant, du moins, que la Parole de Dieu peut périr)? La notion d'autorité, cette notion sans laquelle il n'y a plus ni vie, ni progrès, ni sainteté, ni protestation contre Rome, ni réforme dogmatique, ecclésiastique ou morale, restera-t-elle debout ? C'est là le problème qui se posera, sinon pour nous, du moins pour la génération qui doit nous suivre, pour la génération que ne protégera pas comme nous ce respect d'habitude que la Bible inspire encore aux simples fidèles, et qui, par les simples fidèles, réagit sur les docteurs.

1857.

LE FAIT CONTESTÉ

PAR LA *REVUE DE STRASBOURG*.

La *Revue de Strasbourg* (cahier de novembre 1856) renferme le paragraphe suivant :

« Dans les *Archives du Christianisme*, du 14 octobre, M. de Gasparin met en opposition la théologie moderne et *le fait* que « Jésus-Christ a vu dans l'Ecriture une inspiration constamment infaillible ». Ce *fait* est présenté par notre honorable adversaire comme certain, clair, incontestable. Nous rappellerons cependant qu'il a été contesté, de sorte que l'argumentation pèche par la base. Que M. de Gasparin veuille bien ouvrir, par exemple, le tome X de la *Revue*, page 268, il y verra ces mots de M. Chavannes : « Lorsque M. de Gasparin nous dit » que Jésus *cite les Ecritures*, nous sommes d'accord avec » lui ; quand il ajoute : *comme infaillibles*, nous l'arrêtons. » C'est là en effet que se trouve la question. » Et M. Chavannes développe les raisons qui nous empêchent de résoudre cette question comme l'auteur des *Écoles du doute*. Jusqu'à ce que M. de Gasparin les ait combattues, il n'a pas le droit, en bonne logique, de nous opposer son prétendu *fait*. Nous avions même cru accordé qu'en disant : *Il est écrit*, le Seigneur faisait un triage dans l'Ancien Testament, confirmant certaines choses, annulant les autres (*Revue*, t. XII, p. 120). Pour que la discussion fasse quelque progrès, il faut donc que notre loyal contradicteur cesse de nous opposer ce qui est précisément l'objet du dissentiment..... »

Je ne dispose pas d'une revue théologique, comme MM. Colani et Fréd. Chavannes; les *Archives* sont un simple journal religieux qui ne peut réserver qu'une place restreinte à cette discussion, malgré son extrême importance. Voilà pourquoi il ne m'est pas toujours facile de répliquer sur-le-champ; voilà pourquoi j'ajourne souvent, très souvent, ce que j'aurais à dire, jusqu'au moment où j'aurai la joie (c'en sera une) d'examiner sérieusement, systématiquement et complètement tout ce qu'on a opposé à l'inspiration plénière, au canon providentiel, à la preuve suprême tirée du témoignage de Jésus-Christ. Si Dieu m'accorde le privilège d'écrire le livre dont les matériaux s'accumulent sous mes mains, si d'autres devoirs ne viennent pas encore se placer entre lui et moi, j'espère échapper alors au reproche de laisser sans réponse des objections sincères.

En attendant, mes honorables contradicteurs voudront bien se rappeler que je n'ai pas à mon service des moyens étendus de publicité. — J'ajoute qu'une mise en demeure ne me trouvera jamais sourd. Aussi vais-je essayer de fournir les explications qui me sont demandées.

I.

Commençons par reconnaître une chose : MM. Chavannes et Colani ont posé la vraie question. Soutenir que Jésus-Christ a ignoré, ou qu'il s'est accommodé, ou qu'il n'a pas compris, c'est abaisser à un tel point la personne du Sauveur, que le mot de christianisme n'a plus de sens ; contester au Nouveau Testament le bénéfice du témoignage rendu à l'infaillibilité complète de l'Ancien Testament et à la perfection providentielle de son Canon, c'est mettre en suspicion les droits les plus élémentaires de la logique et du bon sens. Il ne s'agit donc ni de raisonnements ni de conclusions ; il s'agit d'un *fait*. Je l'affirme, mes adversaires le nient. Qui se trompe? Voilà le seul point à examiner. Une fois que l'opinion de Jésus-Christ sur l'Ecriture sera définitivement établie, il n'y aura guère à s'inquiéter des théologiens qui tiendront à ne pas penser comme lui.

Écoutons d'abord M. Chavannes (t. X de la *Revue*, p. 268 et 262) : « Que Jésus cite comme vraies les paroles qu'il rapporte, cela est évident; mais à quel titre la vérité se trouve-t-elle impliquée dans la citation? »

Selon M. Chavannes, le Sauveur a choisi dans l'Écriture certains passages qu'il a déclarés vrais en les citant, bien loin de les déclarer vrais par cela seul qu'ils figuraient dans l'Écriture. La vérité se trouve en effet impliquée dans les citations, au même titre qu'elle est renfermée dans l'Écriture elle-même. Or, voici la théorie qu'on nous oppose : « Ce qui est admis des deux parts, c'est que les Écritures de l'Ancien et du Nouveau Testament nous exposent la vérité. Il s'agit ensuite de savoir, et c'est ici que la divergence se déclare, à quel titre la vérité y est exposée. Pour nous, pour les adversaires de l'autorité, elle y est comme un simple fait; elle peut y être mélangée d'erreurs, et par conséquent elle doit y être discernée et embrassée à son évidence, par cet acte personnel dont rien au monde ne doit ni ne peut nous dispenser. Pour les défenseurs de l'autorité des Écritures, la vérité s'y trouve à titre de principe; elle s'y trouve sans mélange d'erreurs, tellement que, le fait qu'une parole est écrite dans la Bible étant constaté, la vérité de cette parole doit être implicitement admise. »

II.

N'est-ce pas ainsi que Jésus-Christ cite les Écritures? Jusqu'à présent j'avais tenu la chose pour évidente, et par les motifs suivants :

1° Cette formule : « Il est écrit » a par elle-même une portée qu'il me semble difficile de contester. Que signifierait-elle, appliquée à un livre faillible où l'erreur côtoierait partout la vérité? Avec un pareil livre, il importerait peu de constater que les choses sont *écrites*, il faudrait démontrer qu'elles sont *vraies*; la citation pure et simple, la citation péremptoire et emportant solution ne se conçoit plus.

2° Si la formule : « Il est écrit » n'implique pas l'infaillibilité, elle n'implique pas non plus la certitude divine du canon. On arrive ainsi à cette conséquence, au moins étrange, que Jésus-Christ, en invoquant le recueil des Écritures, aurait choisi les livres comme il choisissait les textes. Il y avait là des livres non inspirés; Jésus s'est contenté de ne pas leur emprunter de citations! Il y avait là des textes erronés; Jésus s'est contenté de ne pas les reproduire ! Et Jésus, en parlant du recueil mélangé, n'a cessé de dire : « l'Ecriture ! » et Jésus, en parlant du texte mélangé, n'a cessé de dire : « Il est écrit ! »

3° Ces expressions, notez-le, avaient un sens déterminé par l'usage universel des Juifs auxquels s'adressait Jésus. Tous citaient l'Écriture à titre d'autorité. Pour eux le recueil ne contenait aucun livre qu'il ne dût contenir ; pour eux le texte ne renfermait aucune trace d'erreur ; pour eux les mots : « Il est écrit » impliquaient la proclamation d'une sentence sans appel. Le Sauveur parlait sans doute de manière à être compris ; or, ceux qui l'entendaient dire : « Il est écrit » ne pouvaient le comprendre que d'une seule manière. En leur parlant de la sorte, Jésus leur déclarait de la façon la plus catégorique qu'il admettait avec eux, et la divinité du canon, et la vérité constante du contenu des Livres saints. Si Jésus avait pensé différemment, il l'aurait dit (la chose en valait certes la peine) ; surtout Jésus n'aurait pas confirmé une croyance détestable et mensongère en faisant profession de la partager. On l'aurait entendu s'écrier : « Il y a dans tel livre un texte que je proclame excellent » ; on ne l'aurait pas entendu faire un constant appel à l'*Écriture* et invoquer *ce qui est écrit*.

4° Le caractère des citations de Jésus-Christ est si clair, qu'on ne s'est guère avisé jusqu'ici, de prétendre qu'il n'eût pas employé l'Écriture à titre d'autorité. Les rationalistes sur ce point tiennent le même langage que les orthodoxes, et les théologiens modernes ne diffèrent pas de ceux des premiers siècles.

5° Bien plus, la formule : « Il est écrit » n'a jamais changé de valeur. Si elle comporte certaines citations faites dans un sens de simple illustration, étrangères à une intention de reproduction ou d'interprétation rigoureuse, elle repose néanmoins et en tous cas sur cette donnée première, que le recueil auquel on fait allusion ne renferme que la vérité, qu'il y a équation parfaite entre ces deux termes : « Cela est écrit » et : « Cela est vrai ». Avant Jésus-Christ, pendant son ministère, depuis son ministère, chez les Juifs anciens et chez les Juifs modernes, chez les Pères et chez les prédicateurs de notre temps, dans les Églises orientales, dans l'Église romaine et dans nos Églises protestantes, le sens de la formule : « Il est écrit » s'est maintenu immuable ; tout a changé, excepté cela, parce que cela est indissolublement lié aux lois du langage et aux nécessités logiques de l'esprit humain. Je doute même qu'on réussisse à nous donner d'autres habitudes, et qu'on puisse en venir réellement à dire : « Il est écrit » dans un sens qui exclut l'appel à la révélation divine et à l'autorité, dans un sens qui ne comporte que l'affirmation d'une vérité spéciale distinguée au milieu des erreurs.

6° Enfin, les citations des apôtres jettent un jour éclatant sur celles de leur Maître. Vous supposez que le Sauveur, qui a parlé de l'Écriture comme les Juifs, avait cependant sur elle une opinion parfaitement contraire à celle des Juifs, qu'il n'admettait ni la certitude du canon ni l'infaillibilité constante ; vous supposez qu'il a répudié sur un point aussi considérable les croyances reçues ; comment voulez-vous qu'il n'ait pas éclairé ses apôtres sur ce point ? Jésus appréciait sans doute aussi bien que les représentants de la nouvelle école, tout ce qu'il y avait de funeste dans la théopneustie, dans le littéralisme ; et vous admettez qu'il ait pu ménager cette tradition humaine, au milieu de tant d'autres qu'il a condamnées !

Et vous admettez que lui, le révélateur, il ait laissé subsister chez ses disciples l'idée la plus fausse, l'idée la plus déplorable au sujet de la révélation ! Et vous admettez que lui, la vérité, il ait livré les témoins de la vérité à l'empire d'un mensonge énorme, mensonge qu'il connaissait, puisqu'il le voyait chez eux et chez tous !

Que les apôtres aient cru à l'autorité de l'Écriture, qu'ils l'aient citée à titre d'autorité, c'est ce que reconnaissent ceux-là même qui nient le fait en ce qui concerne Jésus-Christ. La loyauté de M. Chavannes lui commande d'en faire l'aveu. « Rien, dit-il (p. 270), rien n'est plus aisé à déterminer que les vues des évangélistes relativement à l'autorité de l'Ancien Testament ; ils le citent fréquemment pour leur propre compte. Ces citations sont des appels à l'autorité des Écritures, nous l'accordons sans hésiter. » — Vous demanderez sans doute en quoi les citations de Jésus-Christ diffèrent des citations des apôtres ? En quoi ! les citations de Jésus-Christ sont dans les Évangiles, les Évangiles ont été écrits par les évangélistes, et ceux-ci auront attribué au Seigneur leurs propres théories ! Ces *documents* ne nous permettent plus d'arriver jusqu'à Jésus-Christ ; entre Jésus-Christ et nous, il y a les apôtres et la théologie des apôtres ! l'entrée du christianisme est à jamais fermée par une fin de non-recevoir !

Je n'accuse pas M. Chavannes de tenir ce langage ; qu'il y prenne garde toutefois, la distinction établie entre la doctrine des apôtres et celle du Sauveur, mène nécessairement là. Déjà, l'esprit logique et rigoureux de M. Scherer y est arrivé. Lisez son article intitulé « *Les illusions de l'orthodoxie* » (*Revue* de décembre, p. 353 et 354). Après avoir contesté l'exactitude des discours du

Christ tels qu'ils sont rapportés par Jean, M. Scherer ajoute ceci : « Dans l'absence d'un témoignage authentique et catégorique de Jésus-Christ, il ne nous reste plus que la théologie des apôtres. » — J'ajoute que comme cette « théologie » est déclarée suspecte, comme elle n'est ni révélée ni divine, comme d'ailleurs le Sauveur n'a pas écrit lui-même, il nous sera éternellement impossible de savoir ce qu'il a pensé.

Qui nous ôte les Apôtres, nous ôte le Christ; car nous ne connaissons le Christ que par eux. Or, c'est nous ôter les apôtres que de nier, non pas seulement le caractère divin des dogmes et des récits qu'il nous ont transmis, mais même cette simple tradition des enseignements principaux qui doit unir les disciples au Maître. Une telle tradition n'a pas uni les apôtres au Sauveur, si les premiers n'ont pas connu ce point capital de la doctrine de leur Maître: la répudiation de la grande erreur juive, au sujet de l'autorité des Écritures.

III.

Je n'ai pas bien compris, je l'avoue, pourquoi M. Chavannes avait introduit dans son étude une question parfaitement distincte : celle des citations inexactes (t. X, p. 269 et 270).

Supposons qu'on parvienne jamais à prouver que, dans les Évangiles, certains passages de l'Ancien Testament sont, ou reproduits, ou traduits, ou interprétés, ou appliqués d'une manière illégitime : il y aurait une conclusion à tirer de là, non contre l'admission de l'autorité des Écritures par le Sauveur, mais contre sa propre autorité.

Nous n'avons pas à entrer aujourd'hui dans un semblable débat.

Quant au système qui tendrait à mettre sur le compte des auteurs sacrés ces prétendues erreurs, la discussion qu'elle soulèverait n'a rien de commun non plus avec celle qui nous occupe. C'est tout simplement le problème général de la théopneustie : il ne s'agit pas là de l'admission de l'autorité par les apôtres, mais de leur propre autorité.

IV.

M. Chavannes passe à un argument mieux adapté au problème posé par lui (p. 272, 273 et 274).

Le récit de la tentation du Seigneur prouve, selon M. Chavannes, « que Jésus-Christ n'établit pas la vérité d'une sentence sur le fait qu'elle se trouve dans l'Ancien Testament, mais choisit ses citations en vertu de la vérité spéciale renfermée dans le passage cité. »

Et pourquoi cela? parce que le diable cite aussi un passage de l'Écriture. « Or Jésus-Christ, tenté par un appel à l'autorité, triomphe par un appel à l'évidence. En effet, à la formule : « Il est écrit », il oppose la même formule. Ici nous avons citation de l'Écriture contre citation de l'Écriture. Au point de vue d'autorité, la situation reste sans issue : formellement, les autorités se valent; mais réellement elles se contredisent. Le seul moyen de choisir se trouve ainsi dans l'appréciation des paroles mises en opposition... »

Ma réponse sera très simple. Où M. Chavannes a t-il vu que le Seigneur eût *choisi* entre deux autorités, entre deux textes? Où a-t-il vu qu'il y eût *contradiction* réelle?

Le tentateur met en avant un verset de l'Écriture en lui donnant un sens, une application illégitime; le Sauveur lui répond en condamnant cette interprétation perfide, par l'indication d'un autre verset. Tous les jours les choses se passent ainsi, et le Psaume XCI n'est assurément pas la seule portion de la Parole de Dieu, dont Satan ait cherché à abuser en la faussant. Une des grandes manœuvres du diable consiste précisément à nous citer des versets, et il n'est guère de fausses doctrines ou d'institution fatale que Satan n'ait étayée de quelques textes sacrés. — Que font les chrétiens? que font les partisans de la théopneustie? que font les champions de l'autorité? Ils se permettent de suivre l'exemple donné par le Seigneur; ils examinent les passages qu'on leur oppose, ils les rapprochent du contexte, ils distinguent entre le sens propre et le sens figuré, et c'est au nom de la Bible bien comprise et loyalement citée, qu'ils résistent à la Bible tordue par l'ennemi.

V.

Il est vrai que l'examen est, aux yeux de M. Chavannes, inconciliable avec l'autorité! (P. 275, 276 et 277.)

M. Chavannes se fait de nos principes une idée telle que les âmes libérales, généreuses, les esprits tant soit peu éclairés, doivent, en bonne conscience, ne pas hésiter à nous combattre. Comment de pareils malentendus peuvent-ils subsister? En vérité, je l'ignore. Mais je me félicite presque de ce qu'ils subsistent, car ils expliquent en partie certains entraînements funestes, et peut-être mettrons-nous un terme aux entraînements, en faisant cesser les malentendus.

Disons-le donc, puisqu'on semble ne pas le savoir : entre l'autorité de l'Écriture et l'Écriture transformée en collection de textes, il n'y a rien de commun. Tout est vrai dans la Bible. Mais chaque texte doit être étudié à sa place; tout est vrai, mais il y a développement progressif dans la révélation de la vérité. La méthode qui consiste à prendre çà et là quelques versets, à rapprocher forcément un mot de Moïse, un mot des Psaumes et un mot de Paul, cette méthode nous a toujours inspiré de profondes méfiances. Nous sommes partisans déclarés de la réflexion, de l'examen. Nous tenons à nous soumettre; mais nous tenons aussi à comprendre.

« Partout, dit M. Chavannes, partout, toujours, nous voyons Jésus faire appel à la faculté de connaître la vérité. » — Sans doute, et nous ne concevrions pas qu'il pût en être autrement.

« Admettre que Jésus réclame pour ses enseignements une adhésion sans intelligence, ce serait commettre, dans l'interprétation de toute son œuvre, le contre-sens le plus fatal et tout à la fois le plus grossier. » — Cela est certain. Je me demande qui donc a pu commettre un si énorme contre-sens.

VI.

Notre contradicteur a une ressource; ne pouvant entièrement méconnaître l'usage que nous faisons de la faculté de penser et de raisonner, il nous accuse d'inconséquence : « Le système d'autorité, dans sa rigueur absolue, ne peut être mis en œuvre, et, par une honorable inconséquence, ses partisans les plus chauds et les plus dévoués sont loin de le pratiquer complètement... Ils ne cessent d'opérer des choix. Non seulement ils choisissent entre le sens propre et le sens figuré, mais encore dans l'Ancien Testament ils distinguent entre ce qui est confirmé et ce qui est aboli... Qui ne s'attache de préférence aux Prophètes plutôt qu'au Lévitique, au Nouveau Testament plutôt qu'à l'Ancien, aux discours du Sauveur plutôt qu'à ses généalogies ?... Mais le point où l'inconséquence fondamentale, la contradiction invincible qui est au fond de l'autorité en matière de certitude, se déclare de la manière la moins équivoque, c'est dans les efforts auxquels les partisans de l'autorité sont conduits quand ils veulent amener à la soumission ceux qui ne peuvent y plier leur intelligence..... Il n'est aucun des défenseurs de l'autorité qui... ne se mette à raisonner. »

Eh! oui, nous raisonnons! Et nous nous croirions très inconséquents si nous ne raisonnions pas. Plus nous attachons de prix à la révélation infaillible de Dieu, plus nous nous efforçons de convaincre ceux qui ne la reçoivent point encore. Nous recherchons le vrai sens de l'Écriture théopneustique; nous nous soumettons à ses déclarations quand elle abroge ou modifie de précédentes révélations; nous étudions ses parties édifiantes plus souvent que les parties où Dieu n'a mis que des enseignements historiques et généalogiques; oui, nous faisons cela. Quant à opposer l'autorité à ceux qui refusent d'admettre l'autorité, c'est un procédé auquel on voudra bien, au nom de la logique, ne pas nous condamner.

VII.

Je me reprocherais d'insister davantage. Si le principe d'autorité tel que le font nos adversaires est profondément absurde, ce n'est pas notre faute. Nous nous bornons à le défendre tel qu'il est, et tel qu'il doit être.

Je ne vois plus devant moi qu'une seule objection. Indiquée par M. Chavannes (t. X, p. 270 et 271), elle a été développée par M. Colani (t. XII, p. 115, 119, 120, 121, 122). On nous accuse de ne pas définir d'une manière complète l'attitude de Jésus-Christ vis-à-vis de l'Ancien Testament. Les citations, dit-on, sont loin d'épuiser la définition de ces rapports; si le Seigneur cite l'Ancien Testament, il le modifie aussi, il l'abroge. Abolir, ce n'est pas se soumettre; modifier ce que l'Écriture avait prescrit, ce n'est pas en proclamer l'autorité!

Quant à moi, j'ai toujours cru, au contraire, que le législateur, lorsqu'il modifiait les lois anciennes et les remplaçait par des lois nouvelles, ne diminuait en rien le caractère d'autorité qui s'attache à la loi. Notre soumission à l'autorité consiste positivement en ceci, que nous reconnaissons pour obligatoire ce qu'elle ordonne, comme elle l'ordonne, tant qu'elle l'ordonne. Vouloir que la révélation divine eût été parfaite dès le premier jour, ce serait lui refuser le droit de s'approprier aux besoins et aux facultés des hommes. Un père qui élève ses enfants ne leur dit pas tout dès l'âge de cinq ans, lorsqu'il commence à les instruire. Oui, la morale de l'Évangile déborde de partout celle de l'ancienne alliance ; oui, l'Église est la négation formelle du nationalisme juif; oui, Jésus et ses apôtres ont abrogé tout cet ensemble d'institutions qui composaient la théocratie; oui, ils ont posé des principes féconds sous l'action toute-puissante desquels d'autres institutions ont péri ou achèveront de périr. Et ils ont fait tout cela sans qu'une seule portion de la loi ou des prophètes cessât d'être à leurs yeux la Parole infaillible de Dieu.

Mais, s'écrie-t-on, si l'autorité et le développement se concilient en matière de morale, comment les concilier en matière d'institutions? La morale ne fait que se développer, et, moins complète autrefois, elle n'a cependant jamais cessé d'être bonne. Quant aux institutions, on n'en peut dire autant. L'esclavage était bien positivement mauvais, l'intolérance était bien positivement mauvaise ; donc il y a ici abolition, et non pas développement; donc, la suppression des institutions anciennes a impliqué la négation réelle du caractère d'autorité; donc, en voulant maintenir ce caractère, vous introduisez une thèse monstrueuse : la séparation des institutions et de la morale!

Je réponds que, loin de les séparer, nous mettons en

lumière le lien étroit qui les unit. A un état moral et à une révélation morale moins avancés correspondent des institutions plus grossières ; à l'avènement de la morale évangélique correspond la fin de ces institutions. Que celles-ci, relativement aussi bonnes que pouvaient les supposer les hommes d'alors [1], aient été, absolument parlant, mauvaises, c'est ce que Jésus-Christ lui-même a reconnu en parlant de l'une d'elles : le divorce ; et Jésus a justifié le plan de Dieu, qui avait agi de la sorte « à cause de la dureté des cœurs ». Or, je voudrais bien savoir comment il aurait fallu s'y prendre pour adopter une autre marche, à moins de transformer magiquement les cœurs et les mœurs ! L'homme étant ce qu'il est, et Dieu ne procédant pas par voie de contrainte magique, la place de l'esclavage était forcément marquée pour un temps dans l'organisation du peuple d'Israël, et aussi celle du divorce, et aussi celle du nationalisme théocratique, avec l'intolérance qui en fait partie intégrante. Dieu avait établi, Dieu a supprimé ; et lorsqu'il a aboli, par la bouche de Jésus ou des apôtres, certaines parties de l'Ancien Testament, Dieu n'a pas retiré un seul instant à ces portions leur caractère théopneustique. Notre Sauveur a complété et modifié la révélation, tout en rendant un continuel témoignage à la divinité de chacune des paroles écrites qui la composent.

1. Je ne reviens pas sur une démonstration essayée dans un précédent travail ; mais je maintiens que les règlements mosaïques relatifs à l'esclavage, par exemple, portent un ineffaçable cachet de divinité, tant ils sont en avant et des pratiques des autres peuples et des théories mêmes de leurs philosophes. Aujourd'hui encore, en plein XIXe siècle, l'esclavage américain n'est-il pas loin, très loin de valoir cet esclavage hébreu organisé quinze cents ans avant l'ère chrétienne ?

Je maintiens donc plus que jamais le *fait* qui a été contesté; il n'en est pas de mieux établi dans l'histoire. Infaillibilité complète de l'Écriture, certitude providentielle du canon, voilà la croyance de Jésus-Christ. Ne l'oublions pas, en fixant la nôtre.

1857.

LE CHAPITRE VINGT-QUATRIÈME

DE LUC.

Le jour même de sa résurrection, notre Sauveur a parlé d'une manière détaillée et solennelle, d'abord aux deux disciples qui se rendaient à Emmaüs, ensuite aux onze et à ceux qui se tenaient avec eux. Ces deux grands résumés, présentés par Jésus-Christ lui-même et dans de telles circonstances, n'ont pas suffisamment attiré, peut-être, l'attention des chrétiens. Les voici :

« Il leur dit (aux deux disciples) : O gens dépourvus de sens, et tardifs de cœur à croire toutes les choses que les prophètes ont prononcées ! Ne fallait-il pas que le Christ souffrît ces choses et qu'il entrât dans sa gloire? Puis, ayant commencé par Moïse et par tous les prophètes, il leur expliquait dans toutes les Écritures ce qui le concernait. »

« Il leur dit (aux onze et à ceux qui se tenaient avec

eux) : Ce sont là les paroles que je vous ai dites, quand j'étais encore avec vous : qu'il fallait que fussent accomplies toutes les choses qui sont écrites de moi dans la loi de Moïse, et dans les prophètes, et dans les psaumes. Alors il leur ouvrit l'entendement, pour qu'ils comprissent les Écritures. Et il leur dit : C'est ainsi qu'il est écrit, et c'est ainsi qu'il fallait que le Christ souffrît, et qu'il se relevât des morts le troisième jour, et qu'on prêchât en son nom la conversion et le pardon des péchés parmi toutes les nations, en commençant par Jérusalem. »

Nous recommandons ces deux passages aux personnes qui pourraient hésiter encore à considérer le : « Il est écrit », comme un des traits fondamentaux, incontestables, indélébiles de l'enseignement de Jésus. Nous n'avons pas seulement ici la citation de tel ou tel verset de l'Écriture; nous avons un : « Il est écrit », collectif, et, qui plus est, rétrospectif. Le Seigneur se charge de nous dire, lui-même ce qu'ont été sous ce rapport les discours qu'il n'a cessé de prononcer pendant son ministère ici-bas.

Essayons de compter les : « Il est écrit » contenus dans l'entretien qui eut lieu sur le chemin d'Emmaüs : « Ayant commencé par *Moïse* et par *tous les prophètes*, il leur expliquait *dans toutes les Écritures* ce qui le concernait. » Et cette immense revue, cette longue argumentation uniquement basée sur ce qui est écrit, Jésus la présente, parce que les disciples n'ont pas profité de ce qu'il ne cessait de leur dire en traitant le même sujet, quand il était encore avec eux. Ce fait ressort de l'instruction qu'il adresse aux onze :

« Ce sont là les paroles *que je vous ai dites quand j'étais encore avec vous.* » Jésus avait donc cité l'Écriture, et bien plus longuement et bien plus fréquemment et bien plus complètement que les fragments conservés par les évangélistes ne le font voir. Il avait montré à ceux-ci comment *toutes les choses écrites de lui* devaient s'accomplir ; il avait de la sorte parcouru avec eux les trois divisions de l'Écriture: Moïse, les prophètes et les psaumes. Et maintenant, le premier soin de Jésus après sa résurrection est de leur ouvrir l'entendement *pour qu'ils comprennent les Écritures ;* la première déclaration qui sort de ses lèvres est : *C'est ainsi qu'il est écrit,* et il l'applique successivement à sa mort, à sa résurrection, à l'évangélisation future des Juifs et des Gentils.

On le voit, le vingt-quatrième chapitre de Luc nous apprend à la fois quelle place a tenue l'appel aux Écritures dans l'enseignement du Sauveur ressuscité, et quelle place cet appel avait tenue dans l'enseignement du Sauveur avant sa passion. Quant à la place qu'il a tenue dans l'enseignement des apôtres, il est aisé de s'en assurer en lisant les épîtres; élevés à l'école de leur Maître, dirigés par le Saint-Esprit qui a pris de ce qui est à Jésus et le leur a annoncé, ils en appellent sans cesse à *ce qui est écrit.*

Tel est le témoignage du Sauveur, base inébranlable de notre foi à la Bible. Sa *réalité* ne peut pas être contestée: quant à sa *valeur,* il ne rentre pas dans le plan de cet argument de la démontrer. Nous pensons d'ailleurs qu'elle se démontre toute seule. Lorsque le Fils unique de Dieu, l'auteur de toute grâce et de toute vérité, appuie sa propre parole sur celle d'un Moïse, d'un Isaïe, d'un David, d'un anonyme rédacteur de quelque portion des Écritures ; quand, prenant en main les trois parties de la Révélation déjà rédigées et recueillies de son temps, il déclare que tout ce qui se trouve là est, par cela seul, divinement vrai; quand il va chercher la preuve irréfragable, la preuve par excellence, dans ce livre composé par des hommes, dans ce canon qui ne fut jamais théopneustiquement arrêté; quand Jésus adresse ses disciples aux Écritures pendant tout son ministère, quand Jésus les ramène aux Écritures après sa résurrection, il nous est permis de penser qu'une pareille insistance signifie quelque chose!

1857.

A PROPOS

DE L'HISTOIRE DES DOGMES.

Quelques lecteurs des *Archives* ont pu supposer une contradiction entre la thèse que nous avons maintes fois soutenue au sujet de la formation des dogmes, et celle que M. Merle d'Aubigné vient d'exposer au sujet de leur histoire [1]. De courtes explications préviendront tout malentendu.

Puisqu'on s'est malheureusement avisé de former des dogmes, au lieu de prendre humblement et simplement les vérités bibliques telles qu'elles nous ont été révélées par la Parole de Dieu, il est bien évident que l'histoire

1. Voir, dans les *Archives* du 25 juillet, le rapport présenté sur l'école de théologie au sein de l'assemblée annuelle de la Société Évangélique de Genève.

de ces essais de systématisation doit fixer l'attention des chrétiens. On ne peut plus importante et instructive, elle mérite sous tous les rapports l'éloge qu'en a fait M. Merle d'Aubigné. Où apprendrions-nous mieux à quels périls nous nous exposons dès que nous sortons de la voie étroite, dès que nous prétendons compléter et arranger l'Écriture, dès que nous introduisons la philosophie dans la religion? Il arrive alors, ainsi qu'on l'a fait remarquer, que ces éditions successives du christianisme selon les docteurs inclinent tantôt à droite et tantôt à gauche, supprimant tantôt l'élément divin, tantôt l'élément humain. Un cours sur l'histoire des dogmes doit être plein d'intérêt, surtout lorsqu'il est professé par un homme aussi éminent que M. Merle d'Aubigné.

Ceci posé, et toute apparence de contradiction écartée, nous rappelons notre opinion, qui se borne aux propositions suivantes :

1° Les dogmes ou doctrines sont dans l'Écriture. Nous engageons ceux qui en doutent à chercher dans leur Nouveau Testament les mots διδασκαλία et διδαχή.

2° Si ces dogmes de l'Écriture diffèrent de ceux des écoles en ce qu'ils ne sont pas réduits en systèmes et rédigés en formulaires, nous devons en conclure, non qu'il faut fabriquer des formulaires et des systèmes, mais qu'il est sage de s'en abstenir.

3° Cela ne veut pas dire que nous soyons dispensés d'étudier l'histoire, d'en pénétrer toujours mieux le sens, de nous l'assimiler, en un mot. — Comprendre l'Écriture et systématiser l'Écriture, ce sont deux choses essentiellement différentes.

4° Il est inévitable sans doute qu'en s'efforçant de comprendre l'Écriture on en présente des interprétations diverses; mais du moment où la funeste prétention de formuler un christianisme systématique et dogmatique est écartée, du moment où on en revient toujours à la doctrine apostolique considérée comme définitive, les variations momentanées se renferment dans un cercle étroit, et l'on ne tarde jamais à en revenir à la règle absolue, immuable et unique.

5° Les dogmes scripturaires (faits et doctrines) présentent des lacunes; ces lacunes ne seront pas comblées. Ils renferment des mystères; on les respectera. Et cependant, quoique les chrétiens reculent devant l'idée de compléter ce que Dieu a voulu laisser incomplet, d'expliquer ce que Dieu a voulu laisser obscur, ils poursuivront au sujet des Écritures un travail de recherches, d'études, d'élaboration, d'intelligence des textes et d'expériences personnelles, qui satisfera aux plus vastes ambitions.

6° Le résultat de tant d'efforts serait-il insignifiant? A Dieu ne plaise! Conserver l'Évangile, le défendre contre les mille ennemis qui l'assaillent de siècle en siècle, c'est immense. Exploiter le trésor inépuisable des faits bibliques, de la morale biblique, des doctrines bibliques, c'est immense aussi. Pas n'est besoin de créer ces doctrines ou de les remanier, pour mieux se les approprier et les mieux comprendre. Toujours plus saisissantes, toujours plus belles à mesure qu'on les examine avec plus de vrai sérieux et de vraie science, elles n'en demeurent pas moins les mêmes, absolument les mêmes qui édifiaient du temps de Paul les chrétiens humbles et ignorants de Philippes ou d'Éphèse. On n'a rien inventé depuis; si les dogmatiques se sont succédées, étranges, subtiles, pleines d'audaces inouïes et de profondes misères, corrigeant les erreurs par des erreurs, accommodant le christianisme au goût de la philosophie régnante, présentant en fin de compte une série de systèmes qui repoussent les âmes pieuses autant que la Parole de Dieu les attire, toutes ces dogmatiques réunies n'ont pas mis au monde un seul dogme. L'Évangile des savants est encore aujourd'hui celui des simples; l'Évangile du dix-neuvième siècle est celui du premier. Qu'y avait-il, en effet, au fond des grandes découvertes qui ont fait époque dans l'histoire des dogmes? Un retour vers quelqu'une des vérités élémentaires de l'Écriture, telle que les simples l'avaient contemplée au temps même des apôtres. Notre idéal est en arrière, non en avant; nous désirons retourner aux croyances primitives, et non ajouter un étage à la triste Babel des constructions théologiques. Voilà pourquoi nous voulons l'intelligence des dogmes, voilà pourquoi nous avons en horreur leur formation.

1858.

LES DEUX PRINCIPES.

Deux principes sont en présence : la règle immuable, et la théorie du développement.

Le premier est le principe chrétien et protestant, celui que les apôtres ont établi et que la Réforme a rétabli ; le second est le principe catholique et rationaliste, celui que l'Église romaine a adopté, et que les adversaires de la pleine autorité des Écritures préconisent à l'envi. Le premier nous parle d'une Bible certaine et théopneustique, d'un modèle apostolique obligatoire, d'une règle dogmatique et ecclésiastique une fois posée, règle qu'aucun siècle n'a eu le droit de perfectionner ou d'altérer, règle à laquelle il ne s'agira jamais que de revenir ; le second nous parle tantôt de traditions, tantôt d'un déploiement progressif et organique du christianisme : aujourd'hui de la formation des dogmes et des phases théologiques, demain de la consécration successive des systèmes ou croyances qui viennent à prévaloir. Le premier nous ramène d'emblée et pour toujours vers le primitif et vers le définitif; le second nous promet un avenir indéterminé et nous maintient, en attendant, dans le provisoire. Le premier, pour tout dire, est le principe de la révélation divine; le second est le principe de la révélation humaine.

Autant le premier est un, autant le second est naturellement divers. Il y a développement et développement; il y a le développement qu'on pratique sans le proclamer (c'est celui des catholiques); il y a le développement qu'on proclame sans presque le pratiquer (c'est celui de plusieurs protestants pieux). Les uns et les autres, d'ailleurs, sont instinctivement retenus par le besoin de se rattacher à une autorité véritable; aussi les catholiques tâchent-ils de se persuader que leurs traditions sont le commentaire apostolique des écrits apostoliques, et que leurs innovations incessantes sont des traditions, tandis que les partisans de la formation du dogme se rassurent, de leur côté, en pensant que le christianisme demeure, quoique la notion chrétienne varie et doive varier à travers les âges.

Or il n'est rien de tel, pour dissiper les illusions et pour savoir à quoi s'en tenir, que d'interroger quelquefois un troisième parti, celui des indifférents, qui jugent nos tendances respectives avec une impartialité philosophique, et qui disent parfois le vrai mot de la situation, par cela seul qu'ils n'ont pas intérêt à le dissimuler.

Il nous a paru que l'homme le plus intéressant à consulter sur cette question était M. Ernest Renan : personne n'exprime plus exactement que lui les tristes tendances de notre époque. C'est bien là cette impiété de bon ton, ce spiritualisme élégant qui dédaigne à la fois, du haut de son orgueil, et le matérialisme grossier, et les passions antichrétiennes du dernier siècle, et les partisans attardés d'une révélation proprement dite.

Pour M. Renan, comme pour la plupart des penseurs contemporains, une révélation est impossible, car le surnaturel n'existe pas. Du reste, les religions ont toutes droit au respect, car elles sont toutes l'expression légitime du besoin de l'infini qui vit en nous. Notre instinct des choses divines et éternelles a eu un grand nombre de manifestations successives; parmi ces manifestations, il n'en est point qui soit supérieure (jusqu'à présent) au christianisme. Le christianisme est donc relativement vrai; malheur au raisonneur brutal qui se permet de contrister, par ses attaques, la bienfaisante sécurité des croyances populaires! Loin d'y contredire, ainsi que le faisait naguère un rationalisme sans portée, il vaut bien mieux s'y associer dans une mesure convenable, en goûter les hautes inspirations et la naïve poésie.

Telle est la forme artistique, indulgente et sereine, qu'affecte, depuis quelque temps, la haute critique religieuse. Elle nous permet tout, pourvu que nous ne prétendions pas à la vérité, pourvu que nous n'affirmions pas l'absolu. Elle sympathise avec tout, pourvu que la religion vienne de l'homme et non de Dieu, pourvu que l'idée malsonnante de révélation ne vienne pas porter atteinte aux droits souverains du subjectivisme.

Interrogeons de plus près une doctrine dont l'influence, chaque jour croissante, ne saurait se nier. Cette influence, nous aussi nous la subissons. Si M. Renan et ses amis soutiennent *la formation des religions*, des chrétiens excellents et dévoués se laissent aller à soutenir *la formation des dogmes*. Ce sont deux mouvements analogues et connexes, qui s'opèrent l'un en dehors et l'autre en dedans. Il importe donc d'éclairer le second par le premier. Nous allons essayer de le faire.

Mais auparavant, nous avons besoin de bien définir les termes. En quoi consiste cette *formation des dogmes* contre laquelle nous protestons depuis si longtemps? Où commence le dissentiment?

Si le Nouveau Testament ne comprenait que les Évangiles, si les Évangiles eux-mêmes ne comprenaient que des actes et point de discours, on pourrait soutenir que les dogmes ne s'y trouvent pas et que nous sommes appelés à les *former;* on pourrait dire que les récits ont besoin d'être interprétés, que les idées doivent être extraites des faits. Mais les discours sont là, les épîtres sont là; Dieu, qui savait bien où nous irions si nous étions forcés de fabriquer les doctrines, Dieu nous a dispensés d'un pareil soin.

En effet, les dogmes existent dans le Nouveau Testament. Ils y existent précisés et formulés, comme il fallait qu'ils le fussent. Cherchez: vous trouverez la divinité de Christ, l'humanité de Christ, l'expiation par son sang, la justification par la foi en lui, la santification et les bonnes œuvres; vous trouverez l'élection selon la préconnaissance, la nouvelle naissance, le jugement éternel.

Et cependant, enseigne la nouvelle école, il n'est pas un de ces dogmes qui n'ait son jour de naissance dans l'histoire de l'Église! A telle époque on a *formé* le dogme de la divinité de Christ; à tel autre, le dogme de la justification par la foi!

Nous soutenons, nous, que la théologie n'a rien formé. Seulement, après avoir embrouillé pendant des siècles ce qui était clair, voilé ce qui était évident, une heure est arrivée, où la théologie a découvert dans la Bible une portion de ce qui y était écrit depuis le commencement, où elle a déchiffré un mot que les plus simples y lisaient au temps des apôtres; alors, par l'effet de cette parole divine, des créations spirituelles ont eu lieu, d'immenses secousses se sont produites : des réformations, des réveils.

Or, si la théologie a joué un rôle à ce point misérable, si elle a enfanté les monstruosités sans nombre qui remplissent l'histoire des dogmes, c'est parce que la théologie avait méconnu sa vocation véritable, sa magnifique et admirable mission; elle s'était crue appelée à former des dogmes, au lieu de se sentir appelée à comprendre des dogmes tout formés.

Comprendre! voilà l'œuvre qui nous appelle. Et que notre orgueil n'aille pas la trouver trop petite, car les anges aussi en poursuivent l'accomplissement. Eux qui n'ont pas, sans doute, la prétention de former des dogmes, ils « désirent regarder jusqu'au fond » des choses qui nous ont été révélées. Si les anges, courbés sur l'Évangile ne parviennent pas à l'épuiser, craindrons-nous qu'une telle étude ne nous suffise point?

Non certes, il ne s'agit ni de retrancher le plus noble exercice de notre intelligence, ni de nous réduire à des citations de textes, ni d'avoir peur de la science et de la réflexion. Comprendre, c'est approfondir; comprendre, c'est comparer, c'est rechercher le lien des diverses doctrines, c'est travailler à satisfaire la soif de lumière et d'unité que Dieu a mise en nous, c'est découvrir l'harmonie profonde qui existe entre notre conscience et l'Écriture. Il n'est pas une de ces études (et je suis loin d'en avoir épuisé la liste) que la théologie fidèle ne puisse légitimement poursuivre, à cette condition que la base première soit admise : la révélation est achevée, le dogme est tout formé dans la Bible.

Selon que la base première est admise ou non, on entre dans l'une ou l'autre des deux voies divergentes qui traversent, en s'écartant toujours plus, nos dix-huit siècles de christianisme. Il y a là deux principes hostiles, tellement hostiles, que les mêmes hommes qui usent de ménagement et de politesse envers l'Évangile, tant qu'il se présente comme une succession de développements dogmatiques, ne cherchent plus à dissimuler l'aversion profonde qu'il leur inspire, sitôt qu'il apparaît comme une révélation achevée dès le commencement.

Le langage de M. Renan ne laisse aucun doute à cet égard. Qu'on nous permette de citer un des morceaux les plus significatifs qu'il ait écrits : l'article, remarqué par tout le monde lors de sa publication, qu'imprimait le numéro de la *Revue des Deux Mondes* du 15 décembre 1856.

M. Renan y compare l'autorité selon le système catholique et l'autorité selon le système protestant ; ici on obéit à l'Église, là on obéit à la Bible. « J'avoue, dit-il, que, pour ma part, *j'accepterais plus volontiers l'autorité de l'Église que celle de la Bible.* L'Église est plus humaine, plus vivante. Quelque immuable qu'on la suppose, *elle se plie mieux aux besoins de chaque époque. Il est, si j'ose le dire, plus facile de lui faire entendre raison qu'à un livre clos depuis dix-huit siècles.* »

Voilà bien la question telle que nous l'avons souvent

posée nous-même. Veut-on échapper à l'autorité absolue, inflexible, à celle qui ne sait ni « se plier aux besoins de l'époque » ni « entendre raison »? il faut secouer le joug des Écritures; catholique, il faut remplacer la Bible par la tradition, et charger l'Église de rédiger cette tradition sous la dictée des tendances régnantes; protestant, il faut déserter son propre drapeau, et substituer la formation graduelle des dogmes à l'acceptation des dogmes tout formés que révèlent les écrits théopneustiques.

Plus loin, M. Renan célèbre *la poésie et la grandeur de la religion moins tourmentée des peuples du Midi.* « Parce que ces peuples, dit-il, au lieu de comprendre la religion comme une poursuite sans fin, l'entendent comme un repos; parce que, fuyant la peine, ils savourent à loisir une religion qu'ils trouvent toute préparée, est-ce une raison pour les dédaigner et les exclure du royaume de Dieu? Qui sait si, au fond, ils ne sont pas plus sages que ceux qui cherchent la vérité théologique? S'ils n'agitent pas le problème, n'est-ce pas parce qu'ils sentent vaguement et par instinct qu'il est insoluble? *Le catholique, prenant le dogme tel que le temps l'a fait, est, en un sens, bien plus près de la grande philosophie que le protestant, qui cherche à revenir sans cesse à une prétendue formule primitive du christianisme. Il y a dans la manière catholique de laisser faire le dogme par le courant de l'opinion dominante, par une sorte d'entente tacite des fidèles, quelque chose de plus profond que dans l'appel à une révélation immuable faite à un moment de l'histoire où l'on s'oblige à trouver une foi pour tous les temps.* »

Contentons-nous de noter en passant le motif de cette préférence qu'obtient la méthode catholique. On la préfère, parce qu'on dédaigne ou parce qu'on craint la vérité. Vérité oblige ! L'âme qui croit à une vérité révélée, est tenue de l'étudier avec sérieux et de lui obéir avec soumission. Quant aux dogmes fabriqués « par le courant de l'opinion dominante et par une sorte d'entente tacite des fidèles, » ils sont beaucoup moins puissants, chacun le conçoit. Formation des dogmes, églises officielles et nationales, tout cela va fort bien ensemble, et de tout cela il résulte une religion « moins tourmentée » qui est celle des peuples du Midi, et qui cherche à s'infiltrer maintenant au sein même du protestantisme. — Mais écoutons encore M. Renan.

« Cette théorie protestante d'un âge d'or du christianisme, suivi d'un âge de fer où la pensée primitive se serait obcurcie, est inacceptable. Le christianisme n'a jamais été ni si parfait que les protestants le supposent à l'origine, ni si dégradé qu'ils le font à son déclin. Il n'y a aucun siècle de sa longue carrière qui puisse être pris comme l'idéal, comme il n'en est aucun où il ait précisement manqué à sa mission. Une histoire critique des origines du christianisme montrerait les singulières illusions que l'on se fait sur cet âge primitif encore si peu connu, parce qu'on ne l'a guère étudié qu'avec un parti pris et avec l'intention d'y chercher des arguments pour ou contre les dogmes *dont le germe était dès lors à peine entrevu.* »

Quelques germes déposés dans le Nouveau Testament, les dogmes se déployant tour à tour, chaque siècle formulant ceux qu'exigent ses circonstances, ses intérêts, ses systèmes ou ses besoins ; telle est la théorie vraie du catholicisme, celle qu'il anathématise et qu'il applique. C'est de cela qu'on le loue ; la grande source de sa popularité et de sa durée n'est pas ailleurs. Sans cette souplesse qui s'accommode à toutes les époques, il n'aurait pas si longtemps vécu. — Quant aux protestants, qui trouvent leur idéal et leur règle au premier siècle (non dans la perfection prétendue des chrétiens d'alors, mais dans les écrits et dans les institutions des apôtres), quant aux simples disciples de la Bible, ils sont persuadés que la vérité révélée est la vérité définitive. Là est leur gloire, leur force, leur sûreté ; là est, par conséquent, leur crime aux yeux de M. Renan, qui termine ainsi son article : « On ne conçoit guère comment, après s'être accoutumé à envisager ses croyances d'une façon toute relative, l'humanité s'habituerait de nouveau à les prendre comme la vérité absolue. »

Ceci nous amène à envisager une seconde face de la question.

La formation du dogme, c'est la vérité relative ; le dogme tout formé dans l'Écriture, c'est la vérité absolue. Or, la vérité absolue est gênante, la vérité relative est commode. Donc, la masse énorme des indifférents qui tiennent à pratiquer une sorte de culte, s'attachera toujours au principe catholique et repoussera toujours le principe protestant. L'immuable nous déplaît, l'autorité nous révolte.

Doué d'une perspicacité fort rare, M. Renan a mis en lumière cet aspect moral, ces conséquences pratiques des deux principes qu'il a si bien définis. Il y a plaisir à suivre un juge aussi clairvoyant et aussi peu suspect de préventions protestantes ; avec lui on s'élève bien vite au-dessus de la triste région des fictions convenues et des contre-vérités hypocrites ; on aperçoit enfin devant soi le catholicisme de l'histoire et non le pseudocatholicisme, ce fantôme contre lequel nous sommes encore forcés de combattre, la religion primitive, une et invariable à travers les âges!

Sentant le lien logique qui unit, d'une part, le principe protestant et les Églises de libre adhésion; d'autre part, le principe catholique et les Églises de multitude, M. Renan exprime ainsi le nouveau motif qu'il y trouve de préférer le catholicisme: « *La conséquence d'une religion officielle, c'est de commander moins impérieusement la croyance,* précisément parce qu'elle ne se pose que comme une institution à laquelle on peut se conformer sans lui accorder une foi absolue, de même que pour obéir aux lois de l'État il n'est pas nécessaire de croire qu'elles sont les meilleures du monde. De là vient qu'au fond les pays protestants, où la religion est prise tout à fait au sérieux, sont plus intolérants, au moins pour le libre examen, que les pays catholiques. »

Et ailleurs: « La critique impartiale sait que tout ici-bas confine au bien et au mal; *elle voit d'un côté l'indifférence religieuse comme conséquence du système officiel,* de l'autre les aberrations individuelles comme suite de la manie théologique. *Sans doute, s'il y avait une vérité absolue* qui fût la récompense des efforts faits pour l'atteindre, il faudrait prêcher à tous la recherche et l'examen; mais, de bonne foi, peut-on espérer qu'on sera plus heureux que d'autres, et que seul on jouit d'un privilège pour retrouver le véritable symbole de la religion de Jésus-Christ? »

Il est certain que, du moment où ce « véritable symbole de la religion de Jésus-Christ » doit être *retrouvé,* du moment où il n'existe pas tout rédigé dans le Nouveau Testament, il est assez périlleux de se livrer à sa recherche. S'agit-il, non plus de lire ce qui est écrit (or, tous ceux qui n'ajoutent ni ne retranchent rien à l'Écriture lisent la même chose), mais de faire un choix parmi les systématisations successives du christianisme théologique? on comprend alors que les sceptiques aient beau jeu, et qu'ils s'écrient, avec M. Renan : Nous aimons mieux une religion nationale dont chacun prend et laisse ce qu'il veut, que des études sérieuses, des convictions personnelles, des discussions enfin, qui ne sauraient aboutir. — M. Renan continue ainsi :

« La lecture habituelle de la Bible en particulier, conséquence nécessaire du système protestant, est-elle donc un si grand bien, et l'Église catholique est-elle si coupable d'avoir mis un sceau à ce livre et de l'avoir dissimulé? Non, certes, et *je suis tenté de dire que le plus magnifique coup d'État de cette grande institution est de s'être substituée, elle vivante, agissante, à une autorité muette*... J'ose dire que, pour le peuple, la lecture de la Bible est peu profitable et même dangereuse. *C'est au moins un triste spectacle que celui d'une nation intelligente passant son temps à lire un monument d'un autre âge, et cherchant tout le jour des symboles dans un livre où il n'y en a pas.*»

Ces lignes n'ont pas besoin de commentaire. Elles montrent vers quels abîmes on est entraîné quand on prétend procurer à la religion plus de « symboles » que n'en contient la Bible, laquelle n'en renferme pas un seul, grâce à Dieu — Mais laissons M. Renan compléter sa pensée :

« La France, dit-il, est dénuée d'initiative religieuse. Si la France avait été capable de se créer un mouvement religieux qui lui fût propre, elle serait devenue protestante. Jamais les circonstances ne seront aussi favorables qu'elles le furent au XVIe siècle. Eh bien, la France, il faut le dire, a vomi le protestantisme comme antipathique à sa nature. *La France est le pays du monde le plus orthodoxe, car c'est le plus indifférent en religion.* Innover en théologie, c'est croire à la théologie. Or, la France a trop d'esprit pour être jamais un pays théologique. L'hérésie n'y a que faire; le seul grand hérésiarque qu'elle ait produit, Calvin, ne fit fortune qu'au delà de ses frontières... Toute controverse religieuse paraît en France de mauvais goût. *On ne comprend pas qu'on se divise pour si peu de chose...* Voilà pourquoi, après chaque effort tenté pour secouer son indifférence, la France retombe plus lourdement que jamais dans le catholicisme et dans l'incrédulité. »

Oui, catholicisme et incrédulité! — A présent que certains voiles ont été déchirés par la civilisation moderne, où en serait le catholicisme sans la cordiale sympathie qu'il inspire aux incrédules, en dépit de quelques bouderies passagères? Ils ne découvriront, certes, jamais une religion moins religieuse, qui implique moins la foi personnelle, qui ait mieux les caractères rassurants d'un culte officiel. Et si le catholicisme a ces caractères, (M. Renan l'établit avec une rare clarté), c'est essentiellement parce qu'il est fondé sur le principe de la formation du dogme, parce qu'il repousse le principe protestant, qui reconnaît l'Écriture comme règle définitive, comme absolue autorité. La vérité qui se modifie de siècle en siècle n'est pas la vérité; l'autorité qui obéit aux ordres des majorités successives n'est pas l'autorité; la révélation qui recueille sur sa route les diverses superstitions en crédit n'est pas la révélation. Les incrédules le sentent, et ils en tiennent compte au catholicisme. La religion de la Bible, l'Église de la Bible, leur inspireront toujours une répugnance profonde et une invincible terreur.

Voyez à quel point les rôles changent, à mesure que la question est examinée de près! — Autrefois l'Église romaine semblait s'appuyer, avant tout, sur son ancienneté, sur son immutabilité; sa grande maxime semblait être : *Quòd semper, et ubique, et ab omnibus*. Maintenant, la prétention est encore la même; mais les hommes clairvoyants commencent à ne plus la prendre au sérieux. Il serait un peu trop malaisé de croire que l'Immaculée-Conception, par exemple, a été admise toujours, partout et par tous. En fait, sinon en paroles, Rome a successivement abandonné toutes les positions qui étaient censées la relier aux apôtres : l'Écriture, il y a longtemps qu'elle n'en fait plus mention que pour mémoire; la tradition orale, elle vient d'achever de rompre avec elle en répudiant, pour ce qui concerne Marie, l'opinion unanime des Pères. — Ce qu'on vante maintenant dans le système catholique, c'est sa flexibilité, c'est son développement, son renouvellement continuel. Qu'il en accepte ou non le compliment, il en accepte le profit. On vient à lui et on tient à lui, parce que, lié par ses seuls actes, il possède en lui la puissance de faire les dogmes. Il peut les faire, il est vrai, sans pouvoir les défaire; mais les faire est déjà quelque chose, et la règle religieuse se modifie ainsi constamment par voie d'addition, sinon par voie de réforme. Voilà comment le catholicisme demeure toujours à la mode, comment sa révélation demeure toujours humaine et ne devient jamais gênante. Ceux qui l'acceptent jouissent de ce double avantage, que l'autorité reconnue par eux est aussi formidable en apparence qu'elle est légère en réalité.

Il n'y a qu'une autorité digne de ce nom : l'autorité du livre. Celle-là ne s'accroît ni ne diminue, ni ne se modifie, ni ne se systématise à travers les siècles. Elle est aujourd'hui ce qu'elle était au temps des apôtres. Ce qu'elle proclame, elle l'a toujours proclamé et elle le proclamera toujours; s'il y a des degrés infinis dans la façon de le sonder, de l'approfondir, de se l'assimiler, de le goûter, de l'appliquer, il n'y a jamais eu deux manières de le comprendre : quiconque l'écoute dans un esprit de prière et en rejetant toutes les traditions humaines, recueille de sa bouche les mêmes doctrines. La vraie antiquité, la vraie unité, sont là sous la garde de la vraie autorité. Et là se trouve aussi la vraie indépendance à l'égard des hommes, de leurs formulaires, de leurs théologies, de leurs clergés, de leurs autorités usurpatrices.

Et l'on voudrait que nous restassions silencieux, nous chrétiens, nous protestants, lorsqu'on essaye de remplacer notre principe par celui de l'adversaire, lorsqu'on porte atteinte à la certitude du canon et à l'inspiration de la Bible, lorsqu'on nous recommande la théorie de la formation des dogmes!

1858.

AU RÉDACTEUR

DU *CHRÉTIEN ÉVANGÉLIQUE*.

Valleyres, 29 octobre 1858.

Monsieur le rédacteur,

On lit dans votre dernier numéro le passage suivant, qui fait partie d'un article de M. le pasteur Bonnet sur le livre de M. de Rougemont, intitulé *Christ et ses témoins*.

« Le voici maintenant aux prises avec ce qu'il appelle *les fausses théories de l'inspiration*. Ces fausses théories sont d'une part celles du rationalisme, et d'autre part celle de la théopneustie, telle que M. de Gasparin en a formulé le système; je dis M. de Gasparin et non M. Gaussen, que ne combat point M. de Rougemont. Si, en effet, le savant et vénérable professeur de Genève a, dans son beau livre, que nul chrétien ne peut lire sans une édification profonde, exagéré l'action divine au détriment de l'action humaine, on a trop oublié que, sur deux points principaux de cette épineuse question, il a victorieusement réfuté les reproches qui lui ont été adressés. Le premier, c'est la distinction faite par M. de Gasparin entre la Parole écrite seule inspirée, et la Parole parlée qui, selon lui, ne le serait point. M. Gaussen a déclaré *absurde* cette distinction. Le second, c'est la libre et vivante individualité des écrivains sacrés, reconnue et proclamée par M. Gaussen avec plus d'éloquence que par aucun des adversaires de ses vues. — Ajoutons que M. Gaussen se refuse à toute prétention d'avoir établi aucune théorie de l'inspiration, c'est-à-dire à toute explication du fait à la fois divin et humain qu'il constate. »

Me voilà donc atteint et convaincu d'une triple *absurdité* (le mot n'est pas trop fort), dont M. Gaussen du moins avait eu la sagesse de s'abstenir. J'ai déclaré que la Parole écrite était seule inspirée, et que la Parole parlée ne l'était point! Je n'ai pas reconnu l'individualité des écrivains sacrés! J'ai formulé une théorie de l'inspiration, une explication de ce fait à la fois divin et humain!

Il faut bien que j'aie erré sur ces trois points, pour que M. Bonnet ait cru devoir rappeler ces trois points après avoir écrit : « Je dis M. de Gasparin, et non M. Gaussen, que ne combat point M. de Rougemont[1] ».

Permettez-moi de rétablir la vérité.

1. Je parle de ce qu'a dit M. Bonnet, et non de ce qu'il a voulu dire. — Il a lui-même désavoué la conclusion qui ressortait naturellement de ses paroles. Il l'a fait avec cet empressement fraternel et cette haute loyauté qu'on est toujours sûr de trouver en lui.

Ai-je imaginé une distinction entre la Parole écrite, seule inspirée, et la Parole parlée, qui, selon moi, ne le serait pas?

Non seulement je n'ai pas imaginé cette distinction, mais à l'heure qu'il est, et malgré tous mes efforts, je ne suis pas parvenu à la concevoir. Y a-t-il réellement de par le monde quelqu'un qui ose soutenir que la *prophétie parlée* n'était pas aussi théopneustique que la *prophétie écrite*[1]? Y a-t-il quelqu'un qui pense que la *prophétie parlée* d'Ezéchiel était sujette à erreur, lorsque les anciens d'Israël vinrent s'asseoir devant lui et que Dieu lui adressa cet ordre : « Parle-leur et leur dis : Ainsi a dit le Seigneur l'Éternel?... » C'est possible. Je dois déclarer cependant que, pour mon compte, je n'ai pas encore rencontré cette énormité-là dans les livres des théologiens.

La distinction que j'ai rappelée est beaucoup moins extraordinaire. J'ai soutenu, après et avec M. Gaussen, que l'inspiration a eu pour objet, non les *prophètes*, mais les *prophéties;* or, comme les prophéties écrites sont les seules qui demeurent aujourd'hui, comme elles sont par conséquent les seules qui nous intéressent, j'ai soutenu, après et avec M. Gaussen, que l'inspiration a eu pour objet, non les *auteurs* sacrés, mais les *livres* qui figurent au canon.

Un auteur sacré ne devenait pas théopneustique par cela seul qu'il tenait une plume à la main. Rien n'empêche qu'un apôtre ne fût faillible alors, aussi bien qu'il l'était dans ses paroles et dans ses actes. Je répète aujourd'hui ce que j'ai dit il y a longtemps déjà : on

1. J'emploie, à l'exemple de M. Gaussen, le mot *prophétie* dans le sens de *parole théopneustique.*

retrouverait une épître authentique de Paul, que l'étendue des écrits infaillibles n'en serait pas accrue d'une ligne. La distinction n'est donc pas, n'a jamais été entre ce qui est *parlé* et ce qui est *écrit*, mais entre ce qui est présenté par Dieu même à titre de parole infaillible (ou prophétie) et ce qui ne l'est pas. Cette garantie divine ne s'étend qu'aux écrits qui forment la Bible. Il y a des livres théopneustiques; il n'y a pas d'hommes théopneustiques.

Les adversaires de l'inspiration plénière ont toujours senti combien il importait à leur système que l'inspiration appartînt au *prophète* et non à la *prophétie*. Une prophétie peut-être infaillible, un prophète ne saurait l'être. Sa vie est là, ses erreurs sont là; et s'il a erré dans ses discours ou dans sa conduite, pourquoi n'aurait-il pas erré dans ceux de ces écrits qui figurent au canon?

Telle est la théorie que je me suis efforcé de combattre. Quelques citations en feront foi.

M. Gaussen avait dit : « Cette opération miraculeuse de l'Esprit-Saint n'eut pas pour objet nos écrivains sacrés, qui n'en furent que les instruments, et qui durent passer bientôt; mais elle eut pour objet les livres saints eux-mêmes... » (*Théopneustie*, 29.)

J'ai dit à mon tour : « L'infaillibilité est dans les écrits, non dans les auteurs. *C'est la seconde affirmation de M. Gaussen*, et elle n'est pas moins importante que la première, car la première dépend d'elle. — Si vous prétendez mettre la théopneustie dans l'écrivain, prenez garde, il vous sera impossible de ne pas remarquer que chaque écrivain est inégal, inégal dans sa pensée et inégal dans ses actions, qu'il se trompe, qu'il pèche; et vous en conclurez nécessairement que ses écrits aussi sont inégaux, qu'ils sont exposés à l'erreur. Vous remarquerez en outre que ces écrivains sont loin de se valoir comme hommes et comme croyants : celui-ci a une vie sanctifiée, celui-là tombe dans des fautes grossières ; celui-ci est revêtu d'un don éclatant de prophétie, celui-là n'a pas reçu la même mission ; celui-ci figure au rang des apôtres, celui-là semble ne reproduire qu'une doctrine de seconde main. Vous en conclurez nécessairement encore que, comme il y a des inégalités dans chaque écrit, il y a aussi des inégalités entre les écrits. — « La théopneustie *placée dans les hommes* est une théopneustie niée. » (*Écoles du doute*, 213.)

Placer la théopneustie dans les hommes ou dans l'acte prophétique lui-même, voilà donc la question, l'unique question. En effet, je poursuivais ainsi :

« Les champions de la quasi-théopneustie le savent bien. Aussi ne manquent-ils jamais de nous donner l'inspiration du livre comme une conséquence de l'inspiration habituelle de l'auteur ; l'auteur écrit de la même manière qu'il parle. *L'écrit canonique n'est plus un fait spécial, un fait sui generis.* Aussi l'*écrit canonique* est-il faillible car l'*auteur* l'est bien évidemment. « Les écrits dogmatiques, selon M. Cellerier (*Manuel d'Herméneutique*, 308), devaient être le produit d'une inspiration moins intense que les prophétiques..... L'inspiration, même prophétique, devait en revanche varier suivant les hommes !... » — (*Écoles du doute*, 214.)

Le péril que je m'attachais à conjurer n'était certes pas imaginaire. M. Cellerier n'écrivait-il pas dans le même livre : « Nous avons dit dans l'*Herméneutique historique* que les circonstances sociales, personnelles, politiques, etc., où se trouvaient les auteurs sacrés devaient agir sur eux. De là résultait nécessairement que, dans cette hypothèse, *leur inspiration n'était pas absolue.* »

Le même professeur écrivait ailleurs (*Étude et Commentaire sur l'épître de Jacques*) : « L'auteur a toujours repoussé la doctrine de la théopneustie absolue... Cette double conviction, qui admet l'inspiration des *auteurs* sacrés, sans attribuer à leurs *écrits* les privilèges absolus de la théopneustie, est générale dans l'Église de Genève. »

On le voit, chez les adversaires comme chez les partisans de l'inspiration plénière, l'opposition s'établit entre les auteurs et les écrits, entre les prophètes et les prophéties (les prophéties écrites étant les seules dont nous ayons à nous occuper aujourd'hui) ; l'opposition ne s'établit nullement entre la prophétie parlée et la prophétie écrite.

Quant aux conséquences, je le répète, elles se sont montrées sans détour. M. Cellerier, M. Tholuck, M. Stier (je prends parmi les meilleurs) ne se contentent pas de signaler dans l'Écriture de prétendues erreurs de fait, ils nous montrent tantôt des erreurs de doctrine: les tendances judaïsantes de tel apôtre, les opinions soi-disant erronées de tel autre sur le prochain retour de Jésus-Christ; tantôt l'infériorité relative des auteurs sacrés qui n'étaient ni apôtres, ni témoins oculaires : l'infériorité de Luc comparé à Jean et à Matthieu.

Que j'aie eu tort ou raison de repousser cet enseignement, je n'ai pas à l'examiner ici. Je dois exposer mon opinion, non la justifier. Or, mon opinion sur la *prophétie parlée* n'a jamais varié, que je sache. Voici ce que j'écrivais encore quelques années après la publication des *Écoles du doute :* « La quasi-théopneustie, *qui fait de l'inspiration une sorte de don permanent attaché à certaines personnes*, est entraînée à imaginer des prophètes, des apôtres presque infaillibles et presque impeccables. Nous, nous les laissons se mouvoir dans les conditions ordinaires de l'humanité; ils se trompent, ils tombent, leur langage et leur conduite participent de la misère commune, et au moment même où ils accomplissent l'acte spécial de prophétie, *soit écrite soit parlée*, ils l'accomplissent avec leurs sentiments, avec leurs facultés, avec leur nature. L'inspiration, consciente ou inconsciente, les trouve hommes et les laisse hommes. Il y a une influence divine qui s'exerce mystérieusement; il n'y a ni suppression, ni diminution quelconque de l'individualité. » (1856. *Individualité des écrivains sacrés.*)

Ceci me dispense, en vérité, de répondre à la seconde allégation que j'ai signalée : *Aurais-je méconnu l'individualité des écrivains sacrés?*

Que le lecteur veuille bien parcourir le travail indiqué plus haut, travail consacré tout entier à mettre cette individualité en relief, ainsi que l'annonce son titre. — Je ne crois pas qu'il soit possible de tenir un langage plus clair, et ce langage, je l'ai tenu dès le premier jour. Dès le premier jour, je rejetais bien loin l'hypothèse d'une Bible écrite de la main de Dieu ou sous sa dictée; je montrais que « l'individualité des écrivains sacrés s'y est déployée librement » (*Écoles du doute, etc.*, 222).

Aurais-je enfin établi une théorie de l'inspiration, une explication de ce fait à la fois divin et humain?

Voici ce que j'écrivais dans les *Écoles du doute* (212, 213, 225) : « Je n'ai pas à m'expliquer sur le mode de l'inspiration; *je laisse aux partisans de la quasi-théopneustie l'invention des systèmes qui décrivent le comment.* — « *Demeurons respectueusement, scrupuleusement en dehors du problème des procédés.* » — « On le voit, la théopneustie n'est pas la sèche et étroite formule qu'on se plaît à supposer en général. Toutes les variétés, toutes les spontanéités humaines sont acceptées par elle. *Seulement, pour comprendre cela, il faut renoncer à comprendre autre chose : le mode de la théopneustie.* C'est ici la pierre d'achoppement où la quasi-théopneustie vient se heurter. Elle décrit, elle raisonne, au lieu de prendre le fait tel qu'il nous est donné par Jésus-Christ. Elle dit : L'occasionnalité ne se concilie pas avec le mode d'inspiration que j'ai conçu ! *Exposer le mode, voilà donc l'erreur fondamentale que j'ai signalée en commençant ce chapitre et que je signale encore.* »

J'ai besoin maintenant d'énoncer une plainte. — Je ne mets certes en doute ni la droiture ni la bienveillance de M. de Rougemont, dont M. le pasteur Bonnet a semblé s'approprier les allégations; mais j'ai le droit de dire qu'avant d'attribuer à un de ses frères des opinions dont l'absurdité est palpable M. de Rougemont aurait dû, peut-être, s'assurer que ces opinions avaient été professées par ce frère. Je comprends sans peine qu'occupé comme il l'est M. de Rougemont ne s'impose pas la tâche de lire ce que j'écris; je lui demande seulement de me lire *quand il veut me réfuter.* Nous sommes trop disposés aujourd'hui à mettre des généralisations à la place des faits, à arranger nous-mêmes le système de nos adversaires (il y gagne rarement), et à combattre moins ce qu'ils pensent que ce qu'ils *doivent* penser, selon nous.

Il serait difficile de peindre la stupéfaction avec laquelle j'ai lu les pages nombreuses que M. de Rougemont a bien voulu me consacrer dans son livre. Qu'un homme si distingué, si loyal, si éloigné de tout procédé blessant ou injuste se soit fourvoyé à ce point, je ne sais comment l'expliquer, si ce n'est par la disposition que je signalais tout à l'heure. J'aurais voulu prendre à mon compte une portion de cette méprise; en bonne conscience, je ne le puis. Le lecteur va juger s'il y avait lieu à défendre longuement et éloquemment contre moi la croyance de ceux qui pensent que la Bible n'est pas un Coran, qu'elle n'est pas une table de logarithmes, qu'elle n'est pas un code, qu'elle n'a pas été écrite pour des automates!

« M. Reuss se trompe quand il dit : « A en croire la » théologie traditionnelle, les prophètes et les apôtres » auraient été des instruments complètement passifs de » la révélation... » — Cette théologie traditionnelle a-t-elle existé? C'est possible. Nous inventons tant de sottises, quand nous voulons expliquer l'inexplicable et décrire le mystère par excellence : la rencontre de l'homme et de Dieu! Toujours est-il que s'il a existé une théorie de l'inspiration mécanique, *il n'en existe plus aujourd'hui.* M. Reuss s'escrime contre des moulins à vent. » (*Écoles du doute, etc.*, 216.)

« Infaillibilité, voilà le mot décisif. *Elle comporte, nous l'avons vu, le développement progressif des révélations divines* » (221.)

« La théopneustie enfin n'entraîne pas comme conséquence la systématisation dogmatique des révélations divines. *La Bible n'est pas un code*, en ce sens qu'elle n'est pas rédigée à la manière des codes, chapitre par chapitre et article par article. C'est la collection harmonieuse d'un grand nombre d'écrits divins, qui sont aussi des écrits humains. Ces écrits font loi, car ils font règle..... *L'Écriture entière est une loi, un code dans ce sens, mais dans ce sens seulement.* » (225.)

« M. Tholuck s'évertue à prouver contre M. Gaussen que Paul n'a pas été un instrument *passif*. Or, Paul ne devient passif qu'en vertu du faux système qui décrit le mode de l'inspiration. » (226.)

« Il n'y a nulle part ni partisans du *machinisme* ou du *littéralisme*, ni adorateurs des livres, des syllabes, d'un style divin, d'une ponctuation infaillible ou d'une grammaire impeccable. Tout cela est relégué dans le domaine des gros mots qui, en face des explications données, sont connus de part et d'autre pour ne correspondre à rien de réel. » (*Bible défendue*, IX.)

« *Il faudrait donc que la Bible fût un Coran*, pour satisfaire au programme de la théopneustie, telle que nos contradicteurs la conçoivent ! *A les entendre, l'inspiration plénière ne saurait être qu'un oracle uniforme !* Qui dit variété, qui dit individualité, dit erreur ! — Ah ! nous rendons grâce à Dieu, qui nous donne sa Parole toujours infaillible sous une forme si humaine, si appropriée à nos besoins humains... » (*Archives* du 12 juillet 1856.)

Rétablissons dans leur simplicité les termes du débat. Il ne s'agit ni de Bible-Coran, ni de Bible-Code, ni de négation de la prophétie parlée, ni de suppression de l'individualité, ni de définition du mode de l'inspiration ; il s'agit de savoir si l'Écriture est sans erreurs ou si elle ne l'est pas. — Ma thèse reste renfermée dans ce seul mot, d'où l'on ne me fera pas sortir : *Infaillibilité.*

« L'infaillibilité, disais-je dans les *Écoles du doute*, est le vrai nom de la théopneustie. » (242).

Et j'ajoutais plus tard (*Archives* du 13 septembre 1851) : « Personne, et M. Gaussen s'en est exprimé récemment encore avec une parfaite clarté, personne ne croit à une inspiration mécanique ; personne ne nie l'individualité des écrivains sacrés ; personne ne prétend que la Parole de Dieu ne soit pas aussi la parole de l'homme. Seulement « les âmes de greffiers », au nombre desquelles nous avons le bonheur de nous placer, ne pensent pas que l'inspiration (dont elles ignorent absolument le mode) *ait jamais cessé de donner à toute l'Écriture canonique la plus complète infaillibilité*..... Si elles ne savent pas le mot qui lèverait telle ou telle difficulté en apparence insoluble, elles savent que ce mot existe, et cela leur suffit. — Nous nous dispenserons donc d'opter entre les « erreurs innombrables » que Tholuck voit dans la Bible, et les « fautes de mémoire sans importance » qu'y reconnaît Stier. »

Y a-t-il des erreurs (grandes ou petites, dogmatiques ou historiques) dans la Bible ? Avons-nous, oui ou non, le droit de prendre un verset quelconque de la Bible et de dire : Ceci est la Parole de Dieu, ceci donc est nécessairement et complètement vrai ? Tel était, tel est encore le problème à résoudre.

Je ne saurais mieux faire que de citer en terminant, un passage de l'article qui a motivé ma réclamation. — « Dans la pratique, écrit M. Bonnet, *il faut choisir entre deux systèmes d'inspiration*, dont l'un dit : S'il y a dans la Bible la moindre inexactitude, l'inspiration tombe, et ma foi avec elle, et mon salut avec ma foi ; et dont l'autre admet dans l'Écriture comme dans le soleil ces taches qui n'empêchent pas notre terre d'être éclairée, vivifiée par les torrents de lumière et de chaleur qu'il y répand. Dans cette alternative, *M. de Rougemont a fait son choix et nous avec lui*[1]. »

Moi aussi, j'ai fait mon choix. — Je prends la révélation écrite telle que mon Sauveur me l'a donnée, et ce qu'il a tenu pour infaillible, je n'ai garde de le considérer comme mélangé d'erreurs. *Les taches du soleil* sont sujettes à grossir. Du moment où vous me chargez de discerner la Parole de Dieu dans l'Écriture, ou si vous aimez mieux, de discerner ce qui n'est pas la Parole de Dieu dans l'Écriture, je prends la voie du rationalisme et je quitte celle de l'autorité. Je commencerai peut-être par découvrir un très petit nombre d'erreurs sans importance, à l'exemple de MM. Bonnet et de Rougemont; je découvrirai plus tard, sans cesser d'être chrétien, « les erreurs innombrables » qu'aperçoit Tholuck ; et qui sais si je m'arrêterai là? La tentation de ranger au nombre des erreurs les choses qui nous blessent ou qui nous gênent, la tentation d'atténuer peu à peu les grandes doctrines pour faire la part des ignorances, des tendances et des préjugés dont les auteurs sacrés subissaient l'empire et qui devaient, prétend-on, les rendre toujours faillibles comme écrivains en les rendant faillibles comme hommes, cette tentation est bien forte pour quiconque rattache l'inspiration au prophète et non à la prophétie. J'ai le droit de la craindre, car de meilleurs que moi y ont succombé.

Agréez, etc.

1. C'est moi qui souligne, ici et ailleurs.

1860.

UN DOGME DU XVIIe SIÈCLE.

Nos dogmes sont dans l'Écriture; ils y sont tout formulés; nous n'avons à les formuler ni mieux ni autrement; ce qui n'est pas systématique restera non systématique; ce qui est mystérieux, incompréhensible ou même contradictoire aux yeux de notre raison bornée, doit demeurer mystérieux, incompréhensible ou contradictoire; en un mot, nous n'avons rien à élaborer, à compléter, à arranger, à éclairer, nous avons à lire et à comprendre, à lire avec toujours plus de soin, à comprendre toujours plus profondément; notre seul progrès, et il peut devenir immense, notre seul progrès est là; notre seule théologie, et son rôle est magnifique, consiste à entourer cette lecture de toutes les facilités que procurent des textes épurés, des traductions fidèles, des renseignements historiques incontestables, la discussion solide des objections, la comparaison avec les théories des Pères et des philosophes!

Voilà le principe que défendent les champions de l'autorité des Écritures. Voici l'accusation qu'on dirige contre eux : — Vous ne voulez point de *formules* ; or la théopneustie est une formule, et la moins apostolique que l'on puisse imaginer! Vous ne voulez point de *formation des dogmes* ; or la théopneustie est un dogme formé depuis les apôtres, un dogme étranger à ce christianisme primitif que vous voudriez tenir pour définitif, même au point de vue de la science, un dogme qui appartient au bon temps de la scolastique protestante, un dogme du XVIIe siècle!

Examinons.

Il y a deux théopneusties : celle que nous professons, celle que nous ne professons pas.

Celle que nous ne professons pas, et que débitaient effectivement plusieurs théologiens du XVIIe siècle, prétendait expliquer par le menu les procédés de l'inspiration; elle inventait, positivement, des dogmes dont aucun apôtre n'avait eu la moindre idée; elle décidait que Dieu avait donné les mots, le style, les formes grammaticales, que tout cela était la perfection même; que les points-virgules étaient tombés du ciel. Bien plus, il lui arrivait parfois d'insinuer (nous savons des gens qui sont de cette force) que le *textus receptus* était presque au-dessus de la discussion, et que telle version, celle de Luther par exemple, était presque une œuvre infaillible du Saint-Esprit.

La théopneustie que nous professons se borne à dire, comme Jésus-Christ et comme les apôtres : Tout ce qui est *écrit* est par cela même absolument vrai.

Rien de plus, rien de moins. Il n'y a pas là le moindre dogme fabriqué par les docteurs, soit au XVIIe siècle, soit à une autre époque. — A la vérité, nos esprits sont assez « absolus » pour penser que le oui et le non s'excluent. Après avoir dit, avec le Sauveur, que tout ce qui est écrit est vrai, il nous est impossible d'admettre qu'une partie de ce qui est écrit soit apocryphe, et qu'une autre partie, sans être apocryphe, fourmille d'erreurs. Si le canon de la Bible n'est pas certain, si le contenu de la Bible n'est pas infaillible, nous ne pouvons plus employer le grand argument : Il est écrit.

Prétendre que l'affirmation d'une doctrine emporte la négation de son contraire, serait-ce former des dogmes, par hasard? En ce cas, nous craignons d'en former beaucoup. Quand nous affirmons avec l'Écriture que Christ est « sans péché », nous entendons bien nier toute théorie qui lui attribuerait un péché quelconque. Quand nous affirmons avec l'Écriture que Dieu est créateur, nous entendons bien nier toute théorie qui proclamerait l'unité de la matière. Et ainsi de suite.

Il existe, nous le savons, des hommes plus accommodants. « La Bible, toute la Bible, rien que la Bible » s'écrient-ils. « Toute la Bible »; c'est-à-dire qu'une partie est convaincue d'erreur! « Toute la Bible »; c'est-à-dire que la Bible est soumise à leur tribunal, qu'inspirée dans une mesure indéterminée, recueillie avec une certitude indéterminée, elle n'exprime la vérité qu'autant que la raison humaine aura consenti à le reconnaître!

Ce dogme-ci n'a pas été inventé au XVIIe siècle; il est bien plus ancien. Sa première origine, inconsciente et inavouée, remonte au lendemain des apôtres, au commencement de la révolte. Dès le jour où l'on a diminué l'autorité divine, afin de lui substituer des autorités humaines, dès le jour où l'on s'est essayé à placer auprès de l'Écriture des traditions ou des interprétations où des formules, on a cessé de comprendre le dogme fondamental que consacre le témoignage de Christ: tout ce qui est écrit est vrai; donc, rien de ce qui est écrit n'est faux.

C'est à ces termes, assurément peu scolastiques et peu théologiques, que se réduisent les prétendues formules de la théopneustie. Il nous semble qu'elles méritent l'accusation de naïveté, plutôt que celle de pédantisme. Nous n'avons pas eu à former de dogme pour en venir là; les docteurs du XVIIe siècle ne nous ont rien appris; nous n'avons fait que répéter purement et simplement ce qu'avait dit Jésus-Christ. Qu'on n'insinue donc pas que nous avons donné ici une forme humaine à la vérité divine; une forme variable à la vérité immuable; nous n'ajoutons ni ne changeons quoi que ce soit à la déclaration du Seigneur: Tout ce qui est écrit est vrai, rien de ce qui est écrit n'est faux.

Ne saurions-nous, sans former un dogme nouveau, aspirer à employer comme Jésus l'argument suprême: « Il est écrit »? Ne saurions-nous constater que cet argument devient impossible, lorsque le recueil des Écritures est incertain, lorsque le texte des Écritures est semé d'erreurs? Ne saurions-nous protester, au nom de la probité la plus vulgaire, contre le mensonge à bonne intention que nous devrions faire pour citer le contenu d'un tel livre à titre de Parole de Dieu?

Encore une fois, laissons en paix le XVIIe siècle et ses tristes formules. Notre théopneustie n'est pas celle des docteurs, aux yeux desquels la simple vérité sera presque toujours une nouveauté étrange et téméraire; notre théopneustie est celle de Jésus-Christ, qui, prenant le volume des révélations divines, volume déjà aux trois quarts achevé de son temps, attestait sa divine perfection.

Notre audace consiste à soutenir qu'il n'est pas permis de trouver imparfait ce que Jésus-Christ a déclaré parfait.

Notre dogmatisme consiste à soustraire le dogme apostolique de la perfection des Écritures au procédé qu'on prépare pour tous les autres dogmes apostoliques. Les accepter de telle sorte que chacun demeure libre de les nier à sa guise, voilà la méthode nouvelle. Ne nous annonçait-on pas naguère que le jour viendrait où protestants et catholiques communieraient ensemble ; où les paroles sacramentelles : « Ceci est mon corps » seraient simplement prononcées ; *chacun, dans la sincérité et dans l'indépendance de sa foi, entendant ces paroles comme il le voudrait!* Ce qu'on nous propose, c'est d'en faire autant à l'égard de la Bible; rationalistes et orthodoxes la recevront ensemble; tous répéteront les paroles sacramentelles : « La Bible est le livre de Dieu; » et chacun entendra ces paroles à sa manière. L'un les entendra dans ce sens, que le canon de la Bible est divinement certain ; l'autre dans ce sens, que chaque portion de la Bible peut être contestée et que plusieurs sont apocryphes. L'un les entendra dans ce sens que les écrits canoniques ne renferment que la vérité; l'autre dans ce sens qu'ils renferment aussi l'erreur.

Un pareil état de choses nous sourit peu; nous

ne souhaitons un pareil abaissement, ni aux partisans de l'autorité des Écritures, ni à ses adversaires. Et comment le prévenons-nous? en inventant une formule? en définissant ce que les apôtres n'ont pas défini? en forgeant, nous aussi, un dogme? en ressuscitant celui qu'avait forgé le XVIIe siècle? Non, notre méthode est plus simple; nous nous contentons de reproduire le: «Il est écrit» du Sauveur, affirmant ainsi, après lui et comme lui, la perfection divine et absolue du Livre des révélations.

1860.

NOUS PARTONS DE L'ÉCRITURE

POUR PROUVER L'ÉCRITURE[1].

Ne trouvons pas trop étrange qu'on nous fasse dire le contraire de ce que nous avons dit. C'est le sort commun des discussions; les vérités ne se font jamais reconnaître du premier coup; faute de pouvoir les réfuter, on les défigure.

Cela ne pouvait manquer d'arriver à l'argument qui fonde essentiellement le canon et la théopneustie sur le témoignage de Jésus-Christ. Il ne manque pas de gens qui, haussant les épaules, nous accusent de tomber dans un cercle vicieux : — « Où trouve-t-on, s'écrient-ils, ce témoignage de Jésus-Christ? dans la Bible. Il faut donc commencer par admettre la Bible, pour finir par conclure en faveur de la Bible. La pétition de principe est flagrante. Le raisonnement ne convainc que ceux qui étaient convaincus d'avance; il ne sert qu'à ceux qui n'en avaient pas besoin. »

Nous prions les gens qui tiennent ce langage de vouloir bien nous lire avant de nous condamner. Qu'ils aient l'obligeance d'ouvrir *les Écoles du doute,* à la page 280.

« Le témoignage de Jésus est-il certain et décisif? » ai-je dit. « Il me serait aisé de trancher la question par une réclamation; mais je suis déterminé à prouver autrement. C'est une démonstration que j'ai promise, et c'est une démonstration que je vais fournir.

» *Evitons d'abord de tomber dans un cercle vicieux qui abonde dans les livres d'apologétique. On part de la Bible pour prouver la Bible ; on part de l'autorité pour prouver l'autorité.* On suppose implicitement que le Nouveau Testament est un livre exempt d'erreurs ; puis, ouvrant ce livre, on y puise des déclarations qu'on donne comme absolument et nécessairement vraies.

» *Adopter un tel point de départ, c'est faire une pétition de principe. Nous ne pouvons pas tenir pour accordé ce que nos adversaires nous refusent.* Il faut nous établir avant tout sur un terrain qui nous soit commun; *notre argumentation ne sera solide qu'à la condition de s'appuyer sur un fait que personne ne conteste.*

» *Or, ce fait, le voici :*

» *Transformez les livres du Nouveau Testament en simples documents. Supposez-les aussi faillibles que vous voudrez.....* Réduisez enfin la certitude des faits rapportés par le Nouveau Testament, jusqu'au point qu'il est décidément impossible de dépasser sans fouler aux pieds l'histoire la plus avérée et le bon sens le plus ordinaire..... *Voici ce que les documents les plus imparfaits certifient d'une manière indubitable : Jésus admettait l'autorité complète de l'Ancien Testament.*

» Sur ce point je ne craindrais pas d'en appeler aux critiques les plus audacieux, à ceux du moins dont l'audace se concilie avec un certain respect des faits. »

Ces critiques sont unanimes. Tous reconnaissent le trait fondamental de l'enseignement du Sauveur : Jésus en appelait à l'autorité de l'Écriture. Ceux mêmes qui bouleversent le Nouveau Testament, retranchant et modifiant à leur gré, ceux-là mêmes nous présentent un Jésus employant l'argument suprême : « Il est écrit ».

Comment arriver à une autre conclusion? Tant qu'on laissera subsister un fragment des Évangiles, tant qu'on admettra la réalité historique du Sauveur (et il faudra bien toujours l'admettre, ne fût-ce que pour expliquer le christianisme et l'Église, qui ne sauraient être des effets sans cause), tant que la doctrine de Christ n'aura pas été supprimée, son premier article sera : Tout ce qui est écrit est divinement vrai. Citations spéciales, citations collectives, résumés rétrospectifs où l'enseignement entier se rattache « à la loi, aux prophètes et aux psaumes », rien n'y manque ; et les disciples, instruits à l'école du Maître, remplissent à leur tour leurs épîtres de citations présentées à titre d'absolue autorité.

On veut nous persuader aujourd'hui que l'Ancien Testament renferme des livres abominables, que les écrits de Moïse, par exemple, proclament l'anéantissement des âmes après cette vie ! Et l'on ne voit pas qu'en parlant ainsi on donne une valeur plus décisive encore au témoignage de Jésus-Christ ! — Sa conscience n'était sans doute pas moins délicate que la nôtre ; nos convictions au sujet de la vie éternelle n'ont pas la prétention d'être plus claires et plus fortes que les siennes ; cependant, voyez-le : il prend ces livres qui nous scandalisent, et, à chacune de leurs pages, il trouve l'infaillible confirmation de ses propres enseignements. — Plus on appuiera sur les énormités prétendues de Moïse et des prophètes, plus on rendra frappant le témoignage de Christ, plus ineffaçable deviendra le trait.

Il n'y a donc pas chez nous la moindre trace de cercle vicieux. Nous prenons notre point de départ, non dans l'Écriture Parole de Dieu, mais dans les documents historiques, mais dans les données indestructibles qu'ils fournissent, de l'aveu de tous. Notre point de départ est celui de nos adversaires.

Est-ce à dire que nous les convaincrons ? Ceci est une autre affaire. Pour convaincre, en matière religieuse, il ne suffit pas d'avoir raison.

1860.

LE PREMIER DOGME

EST L'IMPORTANCE DU DOGME.

Ceci est le scandale des scandales. A l'ouïe de cette phrase malsonnante, on s'indigne; on se signerait au besoin. L'importance du dogme! mais c'est le *shiboleth* des orthodoxes à formule; mais c'est la marque à laquelle on reconnaît les esprits étroits et arriérés!

Le moment est venu de chercher ce qu'il y a sous tant de clameurs. Il faut montrer à quel point toute cette colère est factice et puérile, d'une puérilité qu'accompagne parfois un peu de perfidie inconsciente. Le bruit qu'on fait autour du dogme aide à subordonner les questions de vérité; le rationalisme mystique se glisse ainsi dans la place. A quoi bon s'inquiéter quand il ne s'agit *que de dogmes?* Pourquoi ne pas étouffer toutes ces disputes? Chacun n'accepte-t-il pas la Bible (sauf à contester la théopneustie et le canon)? Chacun n'invoquet-il pas Jésus-Christ (sauf à contester l'expiation proprement dite)? Les négations brutales ne sont-elles pas graduellement abandonnées? Sans l'imprudente franchise de quelques théologiens qui auraient mieux fait de se taire et de ne pas appeler l'attention sur un travail de démolition silencieux et souterrain, notre quiétude ne serait-elle pas parfaite? Laissons donc les discussions dogmatiques: parlons de vie, d'union, d'amour. Les dogmes font tout le mal!

Voilà ce qu'on écrit et ce qu'on pense. — Avec un mot détourné de son sens, on parvient à compliquer les choses les plus simples.

Quelques paroles sont donc nécessaires : des paroles de gros bon sens. Je suis presque honteux d'avoir à les prononcer.

Si nous disions : « La première des vérités est l'importance de la vérité », nous ne ferions que donner une forme un peu plus générale à notre pensée. Les dogmes, ou vérités révélées, ne sont pas, en effet, les seules vérités connues ici-bas. — Présentée ainsi, notre pensée serait également juste, également essentielle, également repoussée au fond. En fait, ce qu'on ne veut pas admettre, c'est l'importance suprême de la vérité, ce sont les droits que toute vérité a sur nous, c'est l'obligation absolue de rechercher la vérité, de défendre la vérité; ce qu'on n'admet pas, c'est la condamnation inexorable de cette mollesse pleine de lâcheté qui écarte les questions et ne s'inquiète ni du faux ni du vrai; ce qu'on n'admet pas, c'est la déclaration solennelle aux termes de laquelle ceux qui ne chérissent pas la vérité en général, sont atteints et convaincus de ne chérir réellement aucune vérité particulière. — Notre proposition ne serait pas admise; toutefois, on n'oserait guère la rejeter ouvertement. Le débat risquerait ainsi de n'être point assez sincère; or les débats sincères sont les seuls utiles.

Si nous disions: « La première des vérités révélées est l'importance de la vérité révélée, » nous nous heurterions contre la même difficulté. On pourrait nous accorder les mots, sans consentir le moins du monde aux choses. Il vaut mieux, par conséquent, conserver l'expression anathématisée, l'expression de *dogme*, et ne pas lui substituer sa traduction en termes moins compromis. Attaquons, comme on dit, le taureau par les cornes. Montrons que l'importance du dogme est à la base de tout: de notre foi, de notre vie, de notre amour. Osons nous placer (il y faut de l'audace maintenant) au point de vue du prophète qui écrivait les 176 versets du psaume cent dix-neuvième en l'honneur des révélations divines; au point de vue du Sauveur qui priait ainsi: « Sanctifie-les par ta vérité; ta parole est la vérité. »

Qu'est-ce que le dogme? Toute vérité révélée est-elle un dogme? Les faits révélés sont-ils des dogmes? La morale révélée est-elle un dogme? Les vérités révélées sur la personne du Sauveur, sur l'amour de Dieu, sur l'union des frères, sur les glorieuses promesses de l'éternité, sont-elles des dogmes?

Nous hésitons presque à répondre, tant cela nous semble évident.

Et d'abord, on n'est pas encore parvenu à fausser la langue; chaque jour les plus grands ennemis du dogme prononcent à leur insu la condamnation de leur propre système. Ils voudraient nous faire croire que le dogme est quelque chose d'abstrait, de théologique, quelque chose qui sent l'école et qui n'a rien de commun avec cet Évangile, lequel, avant tout, est une personne, une histoire, une délivrance, une grâce; or, les voici qui parlent, bon gré mal gré, du dogme de la venue de Jésus-Christ, du dogme de sa mort, du dogme de sa résurrection, du dogme de la réconciliation par son sacrifice, du dogme de la nécessité des bonnes œuvres. Qu'est-ce que tous ces dogmes, sinon la personne du Sauveur, son histoire, son œuvre, la grâce qu'il nous a acquise? Ainsi la réalité se fait jour, et ce qu'on nie en écrivant des thèses, on l'affirme dans les conversations particulières.

Mais s'écriera-t-on, qu'importe un langage nécessairement inexact! Le mot dogme ne figure pas dans la Bible [1], par conséquent, l'idée est étrangère à la Bible.

Que le mot ne figure pas dans l'Écriture, c'est ce que personne au monde n'est autorisé à affirmer. Telle expression grecque traduite par « doctrine » n'aurait-elle pas été aussi bien rendue par « dogme? » Nous nous arrêterons d'autant moins à l'examiner, que le mot doctrine est le plus foncé, le plus abstrait, le plus scientifique des deux. On nous accordera que l'Écriture établit l'importance suprême du dogme si elle proclame l'importance suprême de la doctrine, et que, si les doctrines chrétiennes sont rappelées à toutes ses pages, elle nous donne le droit de parler des dogmes chrétiens.

1. Entendons-nous bien. Il n'est pas douteux que le mot grec δόγμα ne soit employé plusieurs fois par les écrivains du Nouveau Testament; mais c'est dans un sens tout à fait étranger, soit à l'acception théologique, soit à l'acception simplement évangélique du mot dogme. Ce δόγμα signifie *ordonnance*, et demeure par conséquent en dehors de la question que nous avons à discuter. On ne nous proposera probablement pas de traduire: « *Un dogme* fut publié par César Auguste, pour que toute la terre fût dénombrée »; ou: « Ils agissent tous contre *les dogmes* de César, disant qu'il y a un autre roi, Jésus ». Il n'existe donc aucune corrélation précise entre le terme grec et le terme français auquel il a donné naissance.

Or, voici le langage uniforme du Nouveau Testament tout entier, le langage tenu par notre Sauveur et tenu ensuite par ses apôtres, par Jean comme par Paul. Ce langage nous prouvera que la vérité révélée a été constamment désignée sous le nom de doctrine; que l'emploi du terme doctrine n'a pas été limité à certaines notions intellectuelles, mais s'est étendu à l'ensemble des faits évangéliques; qu'enfin ce terme n'est pas né avec les tendances à la systématisation théologique, mais qu'il figure dans les discours populaires de Jésus-Christ, dans les impressions de ses auditeurs, dans les lettres les plus élémentaires adressées aux Églises.

Jésus vient de terminer le sermon sur la montagne; quel est le sentiment de la foule? « elle fut frappée *de sa doctrine* ». Un autre jour, le Seigneur en appelant, selon son usage, au témoignage infaillible des Écritures, vient de démontrer la résurrection; « le peuple ayant entendu cela, était frappé *de sa doctrine* ». — Écoutez Jésus lui-même. Le voici au temple, environné des Juifs qui s'étonnent qu'il sache les saintes lettres n'ayant pas étudié. Comment va-t-il désigner son œuvre de salut, son message de grâce et d'amour? « *Ma doctrine*, dit-il, n'est pas de moi, mais de Celui qui m'a envoyé. Que si quelqu'un veut faire sa volonté, il connaîtra *touchant cette doctrine* si elle est de Dieu ou si je parle de par moi-même. »

Le livre des Actes s'exprime de la même façon que les Évangiles, « Ils persévéraient *dans la doctrine des apôtres*, et dans la communion mutuelle, et dans la fraction du pain et dans les prières. » — « Alors le proconsul, ayant vu ce qui était arrivé, crut, étant frappé *de la doctrine du Seigneur*. »

Les épîtres de Jean n'évitent pas davantage ce mot

de doctrine, qu'on voudrait rendre suspect aujourd'hui. « Quiconque est transgresseur et ne demeure pas *dans la doctrine du Christ*, n'a point Dieu ; celui qui demeure *dans la doctrine du Christ*, a et le Père et le Fils. Si quelqu'un vient vers vous et n'apporte pas *cette doctrine*, ne le recevez pas dans votre maison et ne lui dites pas : Joie te soit! »

Prenons Paul. Qu'écrit-il aux Romains? « Vous avez obéi de cœur *à l'empreinte de doctrine* à laquelle vous avez été livrés. » — « Je vous exhorte, frères, à prendre garde à ceux qui causent les divisions et les occasions de chute *au préjudice de la doctrine que vous avez apprise*; et détournez-vous d'eux. » — Qu'écrit-il aux Éphésiens? Il veut leur faire comprendre dans quel but Dieu a envoyé les apôtres et les prophètes, puis les évangélistes, les pasteurs et les docteurs : c'est pour le perfectionnement des saints... « Afin que nous ne soyons plus de petits enfants, flottants et portés çà et là *par tout vent de doctrine...* »

Les épitres pastorales surtout, destinées à promulguer les directions relatives à l'Église, prodiguent le nom de doctrine aux grands faits de l'Évangile. — L'apôtre, énumérant de graves péchés, ajoute : « Et toute autre chose *opposée à la saine doctrine*, selon l'Évangile de la gloire du Dieu bienheureux, qui m'est confié. » — « En exposant ces choses, dit-il ailleurs, tu seras un bon serviteur de Jésus-Christ, nourri des paroles de la foi *et de la bonne doctrine* que tu as exactement suivie. » Ailleurs encore, : « Que tous les esclaves qui sont sous le joug estiment leurs maîtres dignes de tout honneur, afin que le nom de Dieu *et la doctrine* ne soient pas blasphémés ; » — « si quelqu'un enseigne autrement et ne s'attache pas aux saines paroles de notre Seigneur Jésus-Christ *et à la doctrine qui est selon la piété*, il est enflé d'orgueil...; » — « il faut que l'évêque soit irréprochable, comme administrateur de Dieu... retenant la parole fidèle *selon la doctrine*, afin qu'il soit capable et d'exhorter par l'enseignement sain et de reprendre les contredisants ; » — « toi, dis les choses *convenables à la saine doctrine;* » — « exhorte les esclaves à être soumis à leurs maîtres... *afin qu'ils ornent en toutes choses la doctrine de Dieu notre Sauveur.* »

Enfin, quel sera le dernier mot d'ordre donné à Timothée par le vieux témoin prêt à mourir pour Jésus-Christ ? quel message suprême lui adressera-t-il, en vue de ces temps difficiles qui approchent? « J'en rends donc témoignage devant le Seigneur Jésus-Christ, qui doit juger les vivants et les morts lors de son apparition et de son règne : prêche la parole, insiste en temps, hors de temps, reprends, réprimande, exhorte, avec toute longanimité *et avec doctrine.* »

Ainsi le Sauveur parlait de « sa doctrine » ; l'apôtre Paul achevait sa carrière en recommandant « la doctrine »; et on nous défend de proclamer l'importance de la doctrine ! On montre au doigt ceux qui en sont encore à se préoccuper du dogme ! on prétend distinguer entre le dogme et l'Évangile ! — C'est là un des symptômes par lesquels se trahit notre maladie : la passion d'échapper au régime austère de la vérité pour se précipiter dans le vague du sentiment, au nom d'une spiritualité que n'ont connue ni Paul, ni Jean, ni Jésus-Christ.

On ne nous refusera plus, sans doute, le droit de donner

le nom de dogme aux vérités révélées quelles qu'elles soient, aux faits comme aux enseignements de l'Évangile. Mais on affirmera que l'acception primitive a changé. N'avons-nous pas eu des dogmatiques, des professeurs de dogme? N'avons-nous pas eu dix-huit siècles bientôt de travaux théologiques consacrés à coordonner les vérités révélées, à remonter jusqu'à la source de chacune d'elles, à les définir et à les expliquer? Lorsqu'on voit ce qu'a été le dogme dans l'histoire, ne sent-on pas qu'il est impossible désormais de lui rendre le sens scripturaire et simple qu'il avait au commencement?

Nous pensons précisément le contraire. Rien ne nous paraît plus urgent que de rendre aux mots de la Bible leur sens biblique. La plupart de nos erreurs pratiques s'expliquent par nos contre-sens. Revenir en toutes choses au point de départ, retourner purement et simplement aux institutions des apôtres, aux dogmes des apôtres, au langage des apôtres avec la valeur que les apôtres lui donnaient, c'est notre grand devoir. La Réforme ne sera complète que le jour où elle aura achevé de s'insurger contre ce qui est de l'homme, de se soumettre à ce qui est de Dieu.

Quoi! il ne nous serait plus permis de parler de dogmes, parce que la théologie et la tradition ont inventé des dogmatiques! A ce titre, il faudrait aussi renoncer à parler de l'Église, parce que le catholicisme romain a dénaturé ce grand nom et en a abusé. Il faudrait renoncer à parler de l'autorité, parce que la fausse autorité a trôné et persécuté pendant des siècles. Il faudrait renoncer à parler du Saint-Esprit, parce que les conciles et les papes n'ont cessé d'attribuer au

Saint-Esprit leurs oracles de mensonge. Il faudrait renoncer à parler de vérité, parce que les sectes les plus funestes ont décoré du nom de vérité leurs pires inventions.

Non, l'erreur n'a pas cette puissance d'anéantir ce qu'elle touche. Nous ne lui accorderons pas une telle victoire. Nous ne renoncerons pas à la vérité, au Saint-Esprit, à l'autorité, à l'Église, par cela seul que l'erreur y porte ses mains sacrilèges. Et nous ne renoncerons pas davantage au dogme.

Cela n'est que trop certain, l'esprit de l'homme a prétendu remanier les révélations de Dieu. Il y a eu des dogmatiques, des « lieux communs », des formulaires. Il y a eu des théories qui ont touché aux questions que l'Éternel s'était réservées. Il y a eu des dissertations sur la nature de Dieu et sur d'autres mystères, dissertations qui soulèvent chez les chrétiens simples un vif sentiment d'indignation et de dégoût. Point de philosophie qui n'ait fait sa traduction libre de l'Évangile. — Rien de tout cela n'est douteux; seulement, nous demanderons ce que tout cela prouve? Que les docteurs ont travesti l'Écriture, et que leurs dogmes ne sont pas ceux de l'Écriture. Concluons donc qu'il convient de laisser là *leurs dogmes* et de reprendre *ceux de l'Ecriture*.

Telle est notre thèse; nous n'en avons jamais soutenu d'autre. On nous accordera que nous ne le cédons à personne en fait de haine pour les traditions, soit catholiques, soit protestantes. Sans nier les services rendus par une saine théologie qui, sondant les Écritures, ne veut que comprendre et se soumettre; sans nier la grande utilité des études et des recherches qui ont assemblé peu à peu autour des textes sacrés ces renseignements que le travail individuel d'aucun chrétien ne suffirait à réunir et que les ignorants d'ailleurs ne sauraient se procurer eux-mêmes, nous pensons que la révélation réduite en système n'est plus la révélation, que le dogme arrangé en théories n'est plus le dogme. Nous aspirons au moment où, reprenant possession de la foi complète à l'Écriture, nous rejetterons enfin et les formulaires, et tout ce qui s'interpose entre le fidèle et la Parole de son Dieu.

Si donc il s'agit des dogmes envisagés au point de vue humain, des dogmes tels qu'ils figurent dans les écoles, dans les traités et dans les symboles, nous en ferons bon marché. Quant aux dogmes envisagés au point de vue divin, tels qu'ils figurent dans les livres canoniques de l'Ancien et du Nouveau Testament, nous en maintenons la suprême importance. Nous ne tenons pas le moins du monde à *dogmatiser*, et nous admirons moins que personne ces théologies, si différentes de la religion, que créent de siècle en siècle les *dogmatiseurs*. En un mot, nous ne parlons pas des dogmes comme le faisait la triste orthodoxie du XVIIe siècle; nous en parlons comme le faisaient les fidèles du siècle apostolique.

Dans ce sens, désormais bien défini, nous soutenons que le dogme subsiste. Le dogme n'a pas plus été détruit par l'abus qu'on a fait de son nom, que l'idée d'Église n'a été détruite par des abus plus lamentables peut-être.

Sachons ne pas nous laisser dépouiller des mots; avec les mots, nous perdrions les choses. C'est aux choses qu'on en veut.

Les choses, disons-nous; et, en effet, qu'on nous

apprenne de quel autre mot il nous sera permis de faire usage pour exprimer les diverses vérités révélées. S'il n'y a plus de dogmes chrétiens, que mettrons-nous à la place? Comment désignerons-nous la vérité révélée au sujet de la satisfaction offerte par Christ en notre faveur? la vérité révélée au sujet de l'autorité des Écritures? la vérité révélée au sujet de la sanctification? la vérité révélée au sujet de la prière? la vérité révélée au sujet de la résurrection du Sauveur ou de sa seconde venue? De quelle périphrase serons-nous autorisés à nous servir?

Nos remarques n'ont qu'un défaut, elles sont trop élémentaires. Cherchez à pénétrer au fond des grandes déclamations sur le dogme, vous ne trouverez que de l'enfantillage chez les uns, et, disons-le, une certaine duplicité involontaire chez les autres. Avec une entière bonne foi, la discussion ne serait pas longue. Nous distinguerions entre les dogmes scripturaires et les dogmes théologiques, et lorsque nous aurions distingué, on aurait mauvaise grâce à nous opposer les seconds afin de nous enlever les premiers.

Ainsi tomberait du même coup le mot *étroitesse*, mot fort commode parce qu'il est mal défini. Ils sont étroits, ceux qui substituent des formulaires à la Bible, ceux qui condamnent au nom de leur formulaire; ils sont étroits aussi, ceux qui ne supportent aucune divergence. Ils ne sont pas étroits, ceux qui, attachés à la Bible seule, refusent avec elle le nom de chrétien à quiconque n'admet pas le fondement qui est Christ; ils ne sont pas étroits, ceux qui avec la Bible, refusent le nom d'Église à toute société qui n'admet pas cette base de la profession individuelle, par laquelle les assemblées de Christ se distinguent du monde; ils ne sont pas étroits, ceux qui, refusant avec la Bible le nom de vérité à toute erreur, si secondaire soit-elle, luttent en faveur des moindres vérités, quoiqu'ils reconnaissent en qualité de frères des chrétiens rebelles encore à ces vérités, et quoiqu'ils reconnaissent en qualité d'Églises des sociétés où ces vérités ne sont pas encore toutes acceptées. En d'autres termes, ils ne sont pas étroits, ceux qui proclament l'importance du dogme.

L'importance du dogme est démontrée par sa nature même. Petites ou non, les vérités révélées sont également divines, également obligatoires, car Dieu ne révèle rien d'indifférent ou de superflu. — L'histoire est là, d'ailleurs, pour démontrer que tous les réveils, sans exception, se rattachent à un retour vers ce dogme central : l'importance du dogme. Comment sont nées les grandes époques religieuses qui apparaissent à de longs intervalles dans les annales de l'humanité ? Elles sont nées de la rencontre de deux choses, l'importance du dogme et le dogme lui-même. Quand l'homme se remet à croire sérieusement qu'il y a une vérité révélée, quand l'immense désir créé par une telle croyance trouve en effet devant lui la vérité révélée pour se satisfaire, alors un magnifique spectacle se produit ici-bas : les âmes courbées vers la terre se redressent et regardent le ciel.

Cela arrive rarement. D'ordinaire, nous ne sentons pas l'importance du dogme; rien ne nous attire avec force vers les vérités révélées. — Souvent aussi l'attrait existe, l'importance du dogme est sentie; mais la vérité révélée fait défaut; Satan substitue une fausse révélation à la révélation divine ; il met les traditions, les clergés ou les formulaires à la place des Écritures, et l'on voit apparaître un formalisme ou un fanatisme à la place d'un réveil.

Point de réveil, par conséquent, lorsque le dogme est là et que l'importance du dogme est absente ; point de réveil non plus, lorsque l'importance du dogme est là et que le dogme est absent. Admirons maintenant ce qui se passe, dès que la révélation divine coïncide avec le sentiment du prix immense qu'a toute vérité révélée. Voici l'Écriture, et voici des hommes dont la conscience est tout à coup dominée par cette grande idée : « Dieu a parlé; je puis écouter la voix de mon Dieu. » Aussitôt se manifestent d'énergiques retours vers l'Éternel. Ce sont les habitants de Jérusalem qui se frappent la poitrine, et qui se convertissent en entendant la parole: A la loi et au témoignage ! — Ce sont les Juifs et les païens du temps des apôtres qui, croyant à une révélation divine, et la recevant de la bouche des témoins de Jésus-Christ, passent des ténèbres à la lumière. — Ce sont les hommes du xvie siècle qui, retrouvant à la fois la croyance exclusive à la Bible et la Bible elle-même, sont saisis par le grand dogme de la justification.

Ceci explique pourquoi il y a des réveils aujourd'hui en Amérique, en Angleterre, en Écosse; pourquoi il n'y en a pas dans notre protestantisme continental, malade du mal allemand, rebelle à l'autorité absolue de la Bible et hostile au dogme. Ne nous y trompons pas, si un réveil se manifeste enfin au milieu de nous, il ne s'égarera pas dans les déclamations insensées et coupables qu'on essaye contre le dogme; il tressaillera à son tour de vénération et d'amour pour tout dogme divin. Il cherchera le dogme; il vivra du dogme; il le puisera avidement à sa source infaillible. Sans la foi à l'importance du dogme, nous ne saurons jamais nous emparer fermement des deux vérités révélées qui renferment tout notre avenir religieux, tout l'achèvement de notre Réformation incomplète : le dogme de l'autorité absolue et unique des Écritures, le dogme de l'Église.

Ainsi, nous nous entendons bien. — Il ne s'agit pas de transformer la Bible en traité de dogmatique, de changer ses histoires en sèches énumérations de préceptes, sa révélation progressive en promulgation d'articles de loi ; il ne s'agit pas de remplacer la vie par la théorie, le sentiment par l'intelligence, la personne du Sauveur par la définition théologique de sa nature, les rapports de nos âmes avec Dieu par des formules de théodicée. Il s'agit de restaurer la vérité centrale en dehors de laquelle les autres ne subsistent pas : l'importance capitale de toute vérité révélée, c'est-à-dire de tout dogme. Il s'agit de rappeler aux chrétiens, que celui qui dédaigne une seule vérité révélée (la connaissant pour telle) n'en accepte réellement aucune ; car si Dieu a parlé, il ne nous reste qu'à obéir, quelle que soit la portée ou la nature du dogme que proclame sa parole.

En face des tendances du jour, rien n'est plus nécessaire à dire et à répéter. On repousse bien moins telle ou telle vérité qu'on ne repousse les droits de la vérité considérée en elle-même. Demain les masses seront orthodoxes peut-être, pourvu que l'orthodoxie ne se prenne pas trop au sérieux, pourvu qu'on puisse unir, confondre, envelopper toutes les diversités dans un vague christianisme et dans une charité plus vague encore. Proscrire les questions, attaquer le dogme au nom de l'amour, c'est la tactique qui risque de prévaloir. Quant à nous, nous nous attachons à ceci : soumission entière à la Bible entière, dévouement absolu à toute vérité révélée.

Aussi ne changerons-nous rien à notre devise : « Le premier dogme est l'importance du dogme ».

1860.

L'INSPIRATION

ÉTAIT-ELLE UN DON PERSONNEL ET CONSTANT?

Cette question capitale se pose d'ordinaire sous une forme plus simple, mais moins rigoureusement exacte: Faut-il croire à l'inspiration des livres de la Bible, ou à l'inspiration des auteurs?

Ainsi formulé, le problème est bientôt résolu. Les livres de la Bible se présentent à nous comme entièrement et uniformément inspirés ; la garantie divine, soit qu'elle porte sur le récit (livres historiques), soit qu'elle porte sur le fond même de l'enseignement (livres didactiques et prophétiques), s'y trouve toujours complète; Jésus-Christ et les apôtres citent un verset quelconque d'un livre quelconque, en disant : « Il est écrit. » Quant à ce qui regarde les auteurs, il en va tout autrement; laissât-on de côté ceux dont nous ignorons le nom et l'histoire, resterait un certain nombre de prophètes, d'apôtres, et aussi de simples disciples, de simples croyants, chez lesquels il est impossible de reconnaître la moindre trace d'infaillibilité permanente, d'inspiration habituelle et inhérente à leur personne : ils se trompent, donc ils ne portent pas en eux ce caractère unique qui appartient à leurs écrits.

Erreurs de conduite, erreurs de langage, erreurs dans les paroles ordinaires, erreurs dans les discours solennels et religieux, nous trouvons tout cela chez eux.

Moïse vient d'entendre la déclaration de l'Éternel : « Tu diras au peuple : Préparez-vous pour demain, et vous mangerez de la chair. » Or voici ce que Moïse répond : « Il y a six cent mille hommes de pied en ce peuple au milieu duquel je suis, et tu as dit: Je leur donnerai de la chair afin qu'ils en mangent un mois entier ! Leur tuera-t-on des brebis et des bœufs, en sorte qu'il y en ait assez pour eux ? ou leur assemblera-t-on tous les poissons de la mer, jusqu'à ce qu'il y en ait assez pour eux ? » Et l'Éternel répondit à Moïse : « La main de l'Éternel est-elle raccourcie ? » (Nomb. XI, 21.) — Une autre fois, dans une circonstance solennelle, dans un discours public, Moïse tient un langage si peu fidèle que Dieu le châtie en lui refusant l'entrée de Chanaan. L'Éternel avait dit à Moïse : « Prends la verge et convoque l'assemblée, toi et Aaron ton frère, et parlez en leur présence au rocher, et il donnera ses eaux. » Et Moïse dit au peuple : « Vous ferons-nous sortir de l'eau de ce rocher ? » Aussi l'Éternel dit-il à Moïse et à Aaron : « Parce que vous n'avez point cru en moi pour me sanctifier en présence des enfants d'Israël, vous n'introduirez point cette assemblée au pays que je leur ai donné. » (Nomb. XX, 8).

On connaît l'histoire de Balaam ; à elle seule elle suffirait pour empêcher à jamais la confusion qu'on veut établir entre la prophétie et le prophète, entre la prophétie qui est infaillible, et le prophète qui est faillible au plus haut degré. Balaam était prophète, on peut même dire que celle de ses prophéties qui nous a été conservée figure au nombre des plus magnifiques de l'Ancien Testament : « Que je meure de la mort des justes, et que ma fin soit semblable à la leur. » Ainsi s'exprime la prophétie ; quant au prophète, ses paroles et ses actes ont été si répréhensibles, que son nom est devenu le symbole d'un abominable péché.

Josué est ainsi caractérisé par l'Éternel lui-même : « Un homme en qui réside l'Esprit. » (Nomb. XXVII, 18). Cependant Josué est dupe comme un autre de la tromperie des Gabaonites (Josué IX, 3).

David et Salomon ont écrit des livres théopneustiques, qui tiennent une très grande place dans la Bible. Parcourez leur histoire, et dites-nous si l'erreur, si le péché, le péché sous diverses formes, ne donne point un éclatant démenti aux théories qui prétendraient faire de la direction habituelle du Saint-Esprit une sorte de *charisme* personnel des prophètes et des apôtres.

Nous disons : des apôtres, parce qu'il serait difficile de comprendre par quel tour de force on parviendrait à les placer dans une classe à part. Les apôtres, les simples disciples, parfois anonymes, qui ont écrit le Nouveau Testament, sont-ils de plein droit dans une condition supérieure à celle des prophètes et des simples croyants, parfois anonymes, qui ont écrit l'ancien ? Y a-t-il une théopneustie ancienne, et une théopneustie nouvelle ? L'ancienne était-elle dans les livres sans avoir été attachée aux auteurs? La nouvelle est-elle attachée aux auteurs dont l'inspiration permanente se serait naturellement reflétée dans leurs livres? Tout cela semblerait bien étrange et bien arbitraire. Ajoutons que tout cela est faux, et qu'il suffit d'ouvrir le Nouveau Testament pour n'en plus douter.

Lorsque Pierre vint à Antioche, Paul lui résista en face, « parce qu'il était répréhensible. » Pierre s'était séparé des gentils, craignant ceux de la circoncision; «et avec lui, les autres Juifs aussi usèrent d'hypocrisie.» Or Paul, voyant « qu'ils ne marchaient pas droit selon la vérité de l'Évangile, » lui adressa de vifs reproches: « Comment, lui dit-il, contrains-tu les gentils à judaïser? » (Gal. II, 11).

Paul, à son tour, commet des fautes évidentes. Il entre en discussion avec Barnabas, au sujet de Marc; « et il y eut de l'aigreur, tellement qu'ils se séparèrent l'un de l'autre. » Frappé par ordre du sacrificateur Ananias, Paul lui adresse cette parole : « Dieu te frappera, paroi blanchie! » Puis, comme pour mieux constater qu'il n'y a point d'homme théopneustique, et qu'un grand apôtre est sujet à l'erreur, même en présence des juges, même dans la circonstance à laquelle se rapporte de la façon la plus expresse la promesse des secours de l'Esprit, Paul ajoute : « Je ne savais pas, frères, qu'il fût souverain sacrificateur; car il est écrit : Tu ne maudiras pas le chef de ton peuple. » Nous n'examinerons pas la suite de cette scène, nous ne demanderons pas si le discours de l'apôtre est en tout conforme à la droiture chrétienne, s'il n'est pas trop habile, en un mot: « Hommes frères, je suis pharisien, fils de pharisien » (Actes XV, 39; XXIII, 3, 6). Il nous semble, qu'en tous cas, personne ne doit être tenté d'attribuer à ces paroles de Paul le caractère que

Jésus-Christ reconnaît aux moindres lignes de l'Écriture.

Les simples disciples dont les livres figurent au canon, n'ont pas été personnellement plus infaillibles que les apôtres, que Pierre et que Paul. On nous dispensera sans doute de le prouver. Nous nous contenterons de rappeler ce qui se passa à Césarée (Actes XXI, 12 :) « Quand nous eûmes entendu ces choses, » dit Luc parlant de Paul, » nous l'exhortâmes, nous et ceux du lieu, à ne pas monter à Jérusalem. » Ce n'est évidemment pas par l'Esprit que Luc s'est exprimé de la sorte, puisque Paul se rendait à Jérusalem « lié par l'Esprit. » Aussi Paul reproche-t-il avec raison, à Luc et aux autres frères, les timides conseils qu'ils essayent de lui donner : « Que faites-vous, en pleurant et en me brisant le cœur? car, pour moi, je suis prêt, non seulement à être lié, mais encore à mourir à Jérusalem pour le nom du Seigneur Jésus. »

La conclusion est facile à tirer. Loin de constituer un don permanent et en quelque sorte un *état*, attaché à la qualité d'apôtre ou de prophète, la théopneustie est un fait spécial qui ne se produit chez eux que dans certaines circonstances, et qui se produit pareillement chez des fidèles étrangers à l'apostolat ou à la vocation prophétique proprement dite. Nous avons des livres théopneustiques, nous n'avons pas d'hommes théopneustiques. D'un côté, absence complète d'erreurs; de l'autre, erreurs incontestables et incontestées. Il n'y a pas là à construire une théorie, il n'y a qu'à noter deux faits et à les juxtaposer. Ce rapprochement dirait tout, alors même qu'il ne serait pas confirmé par la déclaration expresse que renferme le chapitre VII de la 1re épître aux Corinthiens. Là, nous voyons l'apôtre Paul annoncer qu'il va parler comme un simple chrétien, avec les secours ordinaires de l'Esprit : — « Je leur dis, et non pas le Seigneur... Je n'ai point de commandement du Seigneur, » s'écrie-t-il, lui qui posera un peu plus loin, dans la même lettre, ce principe général, applicable à tout livre canonique : « Les choses que je vous écris sont des commandements du Seigneur. »

Il n'est pas étonnant, au surplus, que ceux qui tiennent à distinguer entre l'Écriture et la Parole de Dieu, tiennent aussi à faire de l'inspiration un attribut personnel des apôtres et des prophètes. « Tant vaut l'homme, tant vaut la révélation, écrivait M. Grotz; or, le révélateur n'étant pas parfait, la révélation n'était pas non plus parfaite. » (*Revue de Strasbourg*, IX, 50.)

Sans s'exprimer aussi nettement, le tiers parti rattache à son hypothèse des « hommes inspirés » sa théorie relâchée au sujet des « livres inspirés. » Pourquoi et comment les faiblesses qui entachent la conduite ne se retrouveraient-elles pas dans les écrits? — Nous voilà par conséquent en possession du droit de triage, mettant d'un côté les choses qui nous paraissent vraies, bonnes, essentielles, mettant de l'autre côté celles que nous jugeons contradictoires, ou mauvaises, ou secondaires !

Étant donnés des apôtres et des prophètes faillibles (or sur ce point une discussion prolongée ne se concevrait même pas), il n'y a que deux manières de caractériser leurs écrits : ou ces écrits sont le produit naturel des facultés du prophète, de sa foi, de sa piété, de ses sentiments et des secours de l'Esprit, tels qu'ils se mani-

festent dans l'ensemble de sa vie; ou ils sont le produit de ces mêmes facultés, de cette même foi, de cette piété, de ces sentiments, mais avec le secours tout à fait spécial de l'Esprit qui produit l'acte prophétique. Dans le premier cas, ils sont faillibles comme le prophète; dans le second, ils sont infaillibles comme le Saint-Esprit.

Lorsque Jésus-Christ et les apôtres ont cité, à titre de Parole de Dieu, le moindre mot canonique écrit par un Moïse, par un Salomon ou par un David, ils ont résolu la question. Nous n'avons pas de *prophètes* infaillibles, mais nous avons des *prophéties* infaillibles.

La prophétie, il est vrai, passe le plus souvent par la bouche ou par la plume d'un prophète; pas toujours cependant, et plus d'un auteur sacré n'a rien eu dans sa vocation extérieure qui se rattachât à la classe des organes habituels de la révélation.

Ce que nous disons de la prophétie écrite, nous le disons de la prophétie parlée. Ce n'est pas entre les écrits et les paroles que doit s'établir la distinction, c'est entre l'acte prophétique quel qu'il soit, et les dons ordinaires du prophète. Oral ou écrit, l'acte prophétique constitue un fait *sui generis* qui ne se compare à aucun autre. Quoique l'on soit naturellement conduit à se préoccuper avant tout de ce qui seul nous intéresse maintenant, savoir des écrits, il n'est personne qui puisse soutenir qu'il n'y ait pas eu aussi une catégorie particulière de discours : les discours théopneustiques. Lorsque, obéissant à l'ordre de Dieu, Jérémie parle au roi de Juda (ch. XXII), il prononce un discours théopneustique : « Tu diras donc : Écoute la Parole de l'Éternel, ô roi de Juda qui es assis sur le trône de David, toi et tes serviteurs, et ton peuple, qui entrez par ces portes. » Lorsque Paul se lève dans la synagogue d'Antioche de Pisidie, il exprime les choses de Dieu « non point avec les paroles que la sagesse humaine enseigne, mais avec celles qu'enseigne le Saint-Esprit ». Bien plus, lorsque le moindre des fidèles de Corinthe reçoit le don extraordinaire de prophétie (1 Cor. XIV) et qu'il lui est révélé quelque chose (30), il sert alors d'organe à la vérité céleste; seulement il est recommandé aux autres prophètes « d'en juger » (29) et à tous les chrétiens « d'éprouver les esprits », à cause des faux prophètes qui peuvent se mêler aux vrais (1 Jean IV, 1).

Toujours est-il que chez Jérémie, chez Paul, chez les simples fidèles favorisés de révélations, l'acte prophétique conserve sa nature de fait spécial et exceptionnel. Qu'elle se produise par la plume ou par les lèvres, l'infaillibilité ne réside pas dans les prophètes, elle n'est pas une dépendance de la vocation prophétique ou de l'apostolat, elle n'est pas un don inhérent à la personne ou à la fonction, un état permanent ou habituel.

Là est le point important sur lequel nous tenons à insister. Il se peut que nous ne nous soyons pas constamment exprimé avec toute la précision et toute l'exactitude désirables. Appelé à combattre des théories qui, rattachant l'autorité du Nouveau Testament à l'apostolicité de ses auteurs, réduisent ainsi les livres canoniques à n'être pas plus infaillibles que ne l'ont été les apôtres eux-mêmes (sans parler des non-apôtres, dont les écrits tombent bien plus bas encore!) nous avons été entraîné à établir la distinction entre ces livres et ce qui n'est pas eux. — Il aurait fallu l'établir différemment pour qu'elle fût entièrement fondée : d'un côté, l'acte théopneustique, écrit ou oral, conscient ou inconscient, il n'importe; de l'autre, la personne de l'apôtre ou du prophète ou des simples fidèles, ses dons, sa vie, ses paroles ordinaires, ses écrits ordinaires.

Il y a eu des prédications aussi complètement inspirées que les livres destinés à former le canon ; d'accord ! mais ces prédications ont péri, sauf un petit nombre de courtes analyses conservées par les *Actes*. Ce qui reste, ce qui nous touche, ce qui seul d'ailleurs est attesté par le langage de Jésus-Christ, c'est la théopneustie des livres canoniques. Sans opposer en aucune manière l'apôtre prêchant à l'apôtre écrivant, maintenons résolûment l'opposition de l'écrit infaillible et de l'homme faillible. La théopneustie n'est pas un charisme ; elle est, on ne saurait trop le redire, un fait spécial, qu'aucun lien constant ou nécessaire ne rattache à certaines personnes, à certains états religieux, à certaines vocations.

On nous demandera peut-être par quels moyens se faisait la distinction pratique entre le fait théopneustique et les actes ordinaires des prophètes et des apôtres. Si la difficulté n'existe pas pour nous, en ce qui concerne les livres dont la providence de Dieu a opéré le classement, elle existait pour les contemporains à l'égard des exemples, des paroles et même des écrits de ces hommes chargés de servir d'organes à la révélation. N'était-on pas sans cesse exposé à prendre pour divin ce qui était humain, et *vice versa?*

En aucune façon. — Qui aurait pu confondre les actions habituelles d'un prophète avec le fait prophétique, toujours annoncé comme tel ? Parcourez l'Ancien Testament, vous n'y découvrirez pas une seule prophétie qui ne soit accompagnée des déclarations expresses qui la caractérisent ; tantôt c'est une vision, tantôt c'est une dictée : « Ainsi dit l'Éternel » ! Que le prophète ensuite parle, écrive et agisse pour son propre compte, il n'y a rien là que personne soit tenté de considérer comme divin.

Mais les apôtres! — Sans doute ils ont été révélateurs à un titre bien plus complet et bien plus constant que la plupart des anciens prophètes; il n'en résulte pas toutefois qu'il n'existât aucune limite nettement tracée entre la partie théopneustique et la partie vulgaire de leurs actes, de leurs paroles et de leurs écrits. Eux-mêmes ont pris soin de circonscrire le domaine de leurs enseignements infaillibles. S'agit-il de leurs institutions, de leurs instructions apostoliques, écrites ou orales, voici ce qu'ils disent : « Nous rendons grâce à Dieu sans cesse, de ce qu'ayant reçu la parole que vous avez entendue de nous, celle de Dieu, vous avez reçu, non la parole des hommes, mais (comme elle l'est véritablement) la Parole de Dieu, laquelle aussi déploie son efficace en vous qui croyez. » (1 Thess. II, 13.) — « Ainsi donc, frères, demeurez fermes, et retenez les institutions que vous avez apprises, par le moyen, soit de notre parole, soit de notre lettre. » (1 Thess. II, 15.) — « Pour nous, nous n'avons pas reçu l'esprit du monde, mais l'Esprit qui vient de Dieu, afin que nous connaissions les choses qui nous ont été données de Dieu, et dont nous parlons, non avec les paroles qu'enseigne la sagesse humaine, mais avec celles qu'enseigne le Saint-Esprit. » — « Les choses que je vous écris sont des commandements du Seigneur. » (1 Cor. II, 12, 13; XIV, 37.) — S'agit-il, au contraire, de simples opinions, la même épître (VII, 25) les présente à titre d'*avis :* « Pour ce qui est des vierges, je n'ai pas de commandement du Seigneur; mais je donne un avis, comme ayant reçu miséricorde du Seigneur pour être fidèle. » Les contemporains n'avaient plus alors devant eux qu'un chrétien agissant dans la sincérité de son âme, avec les secours ordinaires du Saint-Esprit. Et ce même chrétien faillible, ils le retrouvaient dans les circonstances de la vie journalière. En se reprenant les uns les autres, en condamnant eux-mêmes leurs actes coupables, en rétractant leurs paroles imprudentes, les apôtres avertissaient suffisamment quiconque aurait eu la pensée d'étendre la certitude théopneustique à ce qui n'était pas leurs institutions ou leurs doctrines, quiconque aurait voulu les croire infaillibles dans leurs moindres avis donnés comme tels, dans leurs moindres paroles et dans leurs moindres démarches.

Deux réflexions nous restent à présenter.

Voici la première :

Il n'y a pas ici la plus légère trace de théorie. Nous n'avons pas cherché à définir ou à expliquer l'inspiration ; nous n'avons pas essayé d'opérer des classifications plus ou moins arbitraires. Nous nous sommes borné à rappeler deux faits également certains : l'infaillibilité des prophéties que Jésus-Christ atteste, la faillibilité des prophètes écrite à toutes les pages de la Bible. De ces deux faits rapprochés, ressort une conclusion inévitable : la théopneustie est un fait spécial, elle ne saurait être un don personnel et permanent.

Voici la seconde réflexion :

En rejetant l'hypothèse d'un don personnel et permanent, on ruine dans son principe la tradition orale, qui est la base avouée du catholicisme romain ; qui l'était du moins, jusqu'à l'heure où, trouvant que la tradition même était gênante, il a audacieusement mis en pratique (témoin l'Immaculée Conception), la commode doctrine du développement. Quoi qu'il en soit, développement ou tradition, le catholicisme romain a besoin de supposer des apôtres personnellement et constamment théopneustiques, dont l'infaillibilité ne demeure pas renfermée dans le cercle des actes, des discours et des écrits destinés à établir les institutions ou à révéler les doctrines, mais s'étende uniformément à la totalité de leurs démarches, de leurs entretiens et de leurs récits.

Nous savons à quoi nous en tenir sur ce point.

1861.

QUATRE QUESTIONS

AU SUJET DE L'ANCIEN TESTAMENT.

Je voudrais aujourd'hui restreindre le champ du débat qui se rapporte à l'autorité de la Bible. Cela s'appelle, je crois, *localiser la guerre.*

Écartons toutes les généralités du sujet, écartons tout ce qui a trait à l'inspiration et à son étendue, ne gardons que ce qui concerne le canon, et même bornons-nous au seul canon de l'Ancien Testament. Peut-être, en nous limitant de la sorte, parviendrons-nous à préciser si nettement notre pensée, à poser nos questions avec une clarté si grande, que nos contradicteurs seront amenés à les voir une fois telles qu'elles sont. Nous entendre sur ces questions-là, mettre ces vérités premières hors de cause, ce serait faire un pas très considérable vers la solution du problème entier.

Première question : L'opinion de Jésus-Christ en matière de révélation divine doit-elle faire loi pour les chrétiens? Ceux qui croient en Jésus-Christ, se permettront-ils de mettre en doute ce que Jésus tenait pour sûr? se permettront-ils de soumettre à la critique les livres dont Jésus proclamait la souveraine autorité?

Seconde question : Jésus-Christ a-t-il proclamé la souveraine autorité de tous les livres qui forment le recueil de l'Ancien Testament? A-t-on le droit de soutenir qu'il n'a attesté que ceux auxquels il a emprunté des citations? Cette formule, sans cesse employée par lui: « Il est écrit », conserve-t-elle un sens quelconque, si elle ne signifie pas que tout ce qui « est écrit » est, par cela même, divinement vrai? Si Jésus avait voulu faire un choix dans ce recueil connu de tous, admis par tous, dans ce recueil que ses compatriotes nommaient l'*Écriture,* Jésus-Christ aurait-il eu recours à une expression qui dit en termes positifs: Il n'y a pas de choix à faire? Parler de l'*Écriture,* citer l'*Écriture,* déclarer une chose vraie pour cet unique motif qu'elle est *écrite,* n'est-ce pas exclure de la façon la plus formelle l'idée d'un recueil mélangé d'erreurs? Nous-mêmes invoquons-nous jamais un recueil mélangé d'erreurs en arguant de ce qu'une assertion s'y trouve, et en en concluant d'emblée que cette assertion ne saurait être fausse? N'est-il pas certain, en outre, qu'au temps de Jésus-Christ, la formule: « Il est écrit », avait un sens consacré dont personne ne s'écartait?

Troisième question: L'Écriture de l'Ancien Testament, dont toutes les parties, d'après le témoignage constant de Jésus-Christ et de ses apôtres, faisaient ainsi autorité, devait-elle à une révélation divine la fixation de son recueil? Un des prophètes avait-il écrit une page contenant la liste des livres sacrés? A supposer que la tradition si contestée qui concerne Esdras ait quelque fondement réel, Dieu a-t-il jugé bon de faire constater dans le plus petit coin d'un écrit inspiré les résultats de cette révision? Existe-t-il un jugement solennel prononcé, au nom de Dieu, par un homme ou par une assemblée, pour arrêter l'énumération des Écritures? N'est-il pas évident que l'unique garantie du recueil a été l'action providentielle de Dieu? N'est-il pas tout aussi évident, à entendre le Sauveur, que cette action providentielle a suffi?

Quatrième question : N'est-il pas établi, par conséquent, que, de Moïse à Jésus-Christ, c'est-à-dire depuis le premier jour où Dieu a daigné accorder aux hommes des révélations écrites, le mode de ces révélations est demeuré invariable, qu'elles se sont toujours produites sous la forme de livres dont toutes les parties faisaient autorité, dont le recueil était providentiellement gardé contre toute erreur durable, auxquels en un mot on pouvait emprunter une parole quelconque en s'écriant : « Il est écrit » ? Ce mode invariable des révélations divines n'est-il pas lui-même une révélation ? Ne nous manifeste-t-il pas les voies de Dieu à notre égard? N'y a-t-il pas là autre chose qu'un simple fait et surtout qu'un simple accident? Ne sommes-nous pas autorisés à penser que Dieu, lorsqu'il envoie aux hommes ces révélations écrites, qui seules se transmettent intactes de génération en génération, prend soin de les préserver lui-même du mélange des écrits non inspirés?

Cela est vrai, du moins jusqu'à la venue de Jésus-Christ. Le mode des révélations divines a-t-il brusquement changé alors, changé au point d'être remplacé par son contraire? Les Écritures concernant le Sauveur ont-elles été privées des garanties providentielles dont les Écritures antérieures n'avaient cessé de jouir? Dieu a-t-il voulu que les dernières révélations (les plus importantes à coup sûr), fussent exposées au mélange de l'erreur sous ses diverses formes et demeurassent à jamais soumises aux jugements suprêmes de la critique? Une pareille révolution a-t-elle eu lieu sans un mot pour l'annoncer ou pour l'expliquer? L'histoire de la chrétienté a-t-elle montré qu'il lui fût inutile, à elle, de posséder un recueil placé au-dessus des contestations, un type immuable auquel on pût revenir, un livre qu'on pût toujours invoquer en disant: « Il est écrit » ? Voilà des questions que je ne poserai pas, car elles sembleraient presque indiscrètes, et d'ailleurs j'ai promis de m'enfermer aujourd'hui dans l'Ancien Testament.

Nous serions heureux, si ceux de nos frères qui repoussent la formation providentielle du canon et croient devoir réserver les droits de la critique sacrée, consentant à examiner en elles-mêmes les quatre propositions indiquées plus haut, voulaient bien se demander quelle attitude nous convient vis-à-vis de l'Ancien Testament, sauf à se demander peut-être un peu plus tard quelle attitude nous convient vis-à-vis du Nouveau. J'avoue pour mon compte, mais je m'en confesse tout bas, que lorsqu'on aura renoncé à régler le sort des Chroniques, d'Esther et du Cantique, il me sera dificile de conserver beaucoup d'inquiétudes au sujet des Évangiles et des Épîtres.

1861.

LA QUESTION DES VARIANTES

N'EST PAS LA QUESTION DU CANON.

Parmi les arguments dirigés contre la formation divine et providentielle du canon, le plus commode, sans contredit, est celui qui transforme en questions de canon certaines questions de variantes.

Cet argument se compose des trois propositions que voici : 1° Des variantes importantes ne sont plus des variantes, et rentrent dans le domaine du canon. 2° Il y a des variantes importantes. 3° Donc le canon est imparfait et reste toujours soumis à la critique.

C'est un syllogisme complet. Il y a là, pour parler le langage de l'école, une majeure, une mineure et une conclusion. J'ajoute que la mineure est vraie, et que, par conséquent, la conclusion deviendrait inévitable, pour peu qu'on admît la majeure. Mais admettre la majeure est précisément ce qu'on ne peut pas.

Oui, la seconde des propositions est vraie. Les variantes importantes, bien qu'en petit nombre, ne sauraient cependant être entièrement niées. Les derniers versets de l'Évangile de Marc, la mention de l'ange qui agitait l'eau du réservoir de Béthesda, l'histoire de la femme adultère, le fameux verset de la première épître de Jean qui parle des trois témoins dans le ciel : autant de variantes dont l'importance reste incontestable. Ce n'est pas nous qui nous abriterons paresseusement derrière le *texte reçu*, supposant que ce texte est arrivé du premier coup à la perfection absolue, et qu'il ne faut pas songer à l'améliorer par l'étude des anciens manuscrits.

Cela accordé, reste à savoir si ces variantes importantes fournissent un argument contre la divine certitude du canon; en d'autres termes, si les questions de variantes, lorsqu'elles sont importantes, se métamorphosent en questions de canon.

On ne tiendrait pas un tel langage, ce me semble, si l'on prenait la peine de définir les questions de canon et les questions de variantes. — Les premières concernent le recueil. Il ne s'agit pas là d'examiner les différences plus ou moins graves qui peuvent exister entre les diverses copies de chaque livre, il s'agit de savoir quels sont les livres qui doivent figurer dans la collection. Les questions de variantes occupent justement le terrain où les questions de canon ne pénètrent pas. Les livres étant admis, que convient-il de penser des différences qui existent entre les diverses copies? Tel est le champ limité de la discussion.

Entendons-nous bien, d'ailleurs; il ne suffit pas qu'un ouvrage nouveau se présente comme le complément d'un livre canonique et vienne s'y souder en quelque sorte, pour que cette continuation, faite après coup, et que manifestent la date, le style, l'idiome, constitue une simple variante. Ainsi l'histoire de Suzanne, qui prétend compléter le livre de Daniel, ainsi les additions au livre d'Esther, seront, aux yeux de tous, des écrits distincts dont on pourra débattre l'admission dans le canon, mais au sujet desquels personne ne songera à supposer une erreur quelconque des copistes.

Les erreurs des copistes forment, à elles seules, le sujet des questions de variantes. Tantôt les copistes auront omis un mot ou commis d'autres inadvertances insignifiantes; tantôt ils auront introduit dans le texte des annotations marginales, des phrases explicatives, des développements dogmatiques ou édifiants dont une précédente copie avait été surchargée. Tout cela n'a rien de commun avec la prétention d'ajouter un livre au canon, soit en le présentant à part, soit en le rattachant à un écrit canonique.

Il va donc de soi que le travail relatif aux variantes consiste exclusivement dans la comparaison des copies, surtout dans la consultation des plus anciennes, qui doivent être les plus conformes aux manuscrits originaux, les plus exemptes de ces erreurs, de ces omissions, de ces additions, de ces insertions des notes marginales dans le texte, lesquelles n'ont pu que s'accroître avec le temps. Grâce à Dieu, nous possédons des manuscrits assez nombreux, assez divers d'origine, dont la date se rapproche assez de l'époque apostolique, pour qu'en les comparant entre eux on ait l'assurance de retrouver, jusque dans ses nuances les plus délicates, chacun des écrits primitifs qui forment le Nouveau Testament.

Si j'ai défini d'une manière précise l'idée de variante et l'idée de canon, si j'ai indiqué avec vérité la distinction essentielle qui les sépare, la conséquence n'est pas, en ce qui concerne la discussion actuelle, difficile à tirer. — Les considérations d'importance n'ont rien à voir dans le classement des questions de variantes et des questions de canon. Une question de variante peut être grave, car les notes marginales introduites dans le texte intéressent parfois le dogme; une question de canon peut être presque indifférente, car les écrits qui cherchent à s'insinuer dans le recueil ne sont parfois que d'insipides paraphrases où les vérités bibliques se trouvent délayées sans être précisément méconnues.

Mais ce qui n'est pas indifférent, c'est que les questions de canon soient souverainement tranchées par un autre tribunal que le nôtre. Pour les variantes, en effet, nous possédons entre nos mains les éléments d'une décision éclairée, puisqu'il suffit de comparer les manuscrits et de donner la préférence aux plus anciens. Pour le canon, au contraire, à quel principe incontestable irions-nous demander la solution des problèmes difficiles? Voici quelques livres auxquels fait défaut le témoignage suffisant des deux premiers siècles. Faudra-t-il que nous suivions à leur égard l'impulsion de nos sentiments intimes, admettant ce qui nous plait, rejetant ce qui nous déplaît? Ou bien faudra-t-il que nous donnions au fait la place du droit, regardant le vote d'un concile, l'acceptation uniforme, l'usage établi comme un équivalent de la vérité? Soutiendrons-nous, afin d'en finir, que les majorités ont toujours raison, que le petit nombre doit se soumettre au grand, et que tout ce que les organes de la chrétienté corrompue ont proclamé est parole d'Évangile? Il n'y aurait pourtant pas d'autres ressources. Otez-nous la formation providentielle du canon, chargez-nous de trancher les questions qui s'y rapportent, et nous sommes forcés, ou de recourir aux raisons de sentiment, ou de reconnaître l'autorité des conciles et de la coutume, ou (ce qui ne vaut guère mieux), de conserver un canon éternellement sujet à la critique, une Bible sur laquelle plane le soupçon, une Écriture, enfin, qui n'est plus la parole de Dieu.

1861.

FORMATION DES DOGMES.

Le vrai moyen de dissiper l'obscurité qui semble envelopper encore cette question pour quelques esprits, c'est d'éliminer successivement les points sur lesquels se rencontrent, en fait, les adversaires et les partisans de la formation des dogmes. Ces éliminations opérées, la divergence substituera seule.

Tous nous repoussons l'idée d'un progrès dans la révélation. Celle-ci était complète au temps des apôtres; personne ne prétend la continuer; le catholicisme romain lui-même recule devant une énormité pareille; à l'entendre, il ne fait que constater et éclaircir ce qui, dès l'origine, a été révélé.

Tous nous admettons l'idée d'un progrès dans l'intelligence de la révélation. C'est un devoir de lire, d'étudier, de réfléchir; et plus on s'applique avec humilité, avec prière, à cette œuvre excellente, plus on découvre de trésors d'abord ignorés. Non seulement les efforts individuels reçoivent ainsi leur récompense, mais il y a là une sainte solidarité; le travail des uns peut profiter aux autres, le travail d'un siècle peut aider les siècles suivants, l'Écriture peut ainsi être graduellement environnée de secours et de lumières qui servent à résoudre certaines difficultés et à mieux saisir les simples vérités placées dès le début à la portée du plus humble lecteur.

Tous nous croyons que réfléchir sur la révélation est une preuve de vie; que les temps où l'on cesse d'y réfléchir sont des temps de déchéance morale; que le mouvement de la pensée religieuse est, malgré ses périls, bien préférable à l'obscurantisme, à l'acceptation servile des formules, à l'orthodoxie traditionnelle.

Tous nous proclamons, enfin, les droits de la science, de la théologie, de l'enseignement théologique. La mission des savants, celle des théologiens est considérable; les « docteurs » ont leur place marquée dans l'Église; nous ne nous priverions pas sans péril du secours de ceux qui, par la connaissance des langues originales, par la comparaison des manuscrits, par l'étude de l'histoire, par le rapprochement des systèmes philosophiques, par le signalement des religions fausses et des traditions superstitieuses, par l'examen sérieux des grands problèmes dont l'Écriture fournit la solution, sont en mesure de réfuter les objections, de seconder l'interprétation de la Bible et de consolider sur plusieurs points les bases de la foi.

Jusqu'ici nous sommes d'accord. Mais nos honorables contradicteurs veulent faire un pas de plus, or c'est là que nous nous séparons.

Selon eux, *le dogme* n'existe pas dans l'Écriture; la théologie est chargée de le former. Selon nous, le dogme existe tout formé dans l'Écriture, formé précisément comme il faut qu'il le soit, et la science qui s'avise de lui donner une autre forme, le défigure forcément.

Examinons cette différence. Elle est énorme.

Vous soutenez que la Bible ne nous fournit que des éléments chaotiques, sur lesquels la science doit planer, ainsi que planait l'Esprit sur les éléments confus de la création terrestre! Nous soutenons que la Bible fournit des doctrines, toutes les doctrines que nous devons savoir, toutes celles que nous pouvons savoir pendant l'économie actuelle. Nous soutenons que, si ces doctrines ne sont pas systématiques, on les fausse en les systématisant; que, si elles présentent parfois une lacune, on entreprend sur Dieu même en la comblant[1]; que, si elles ont des mystères insondables, on s'égare en les expliquant. Nous soutenons, en un mot, que partout où le *dogme formé* diffère en quoi que ce soit du *dogme scripturaire*, il introduit une véritable erreur. Le dogme de l'Écriture sur Dieu et sur l'homme, sur Christ, sur sa personne, sur son œuvre, sur la foi, sur la justification, sur la sanctification, sur l'Église, sur les choses accessibles et sur les choses inaccessibles à notre raison, ce dogme est à nos yeux complet, par-

1. Je parle de ceux qui comblent les lacunes en y mettant *des dogmes*. Quant aux simples hypothèses philosophiques qui se présentent comme telles, quant au travail de l'intelligence qui s'efforce de deviner ce qu'elle ne sait pas, je ne vois rien là qui ne mérite le respect. Proscrive qui voudra la métaphysique et les hautes curiosités de l'esprit! Dieu ne nous défend pas de chercher; il nous défend d'inscrire au nombre des dogmes les résultats de nos recherches.

fait et définitif : définitif pour le fond et définitif pour la forme. Nous en sommes encore, d'ailleurs, à apprendre de quelle façon il faut s'y prendre pour modifier la forme sans altérer le fond.

La question est donc clairement posée : les uns se contentent de lire et de comprendre; les autres prétendent lire, comprendre, et former le dogme. — Vis-à-vis d'un fait ou d'une doctrine biblique (la plupart des grands faits bibliques sont en même temps des doctrines), les premiers se soumettent à ce qui est révélé, s'efforçant d'y pénétrer toujours plus, de se l'assimiler toujours mieux, n'ajoutant rien, ne retranchant rien, n'arrangeant rien, acceptant au besoin les deux côtés contradictoires, en apparence, d'une vérité provisoirement impénétrable; les seconds organisent tout cela, mettent de l'ordre dans ce désordre, donnent une tournure scientifique à ces révélations primitives, élèvent ces doctrines à la dignité de dogmes. Au lieu des évangiles et des épîtres, ils nous présentent une théorie, une théorie qui changera de siècle en siècle, au gré des tendances dominantes et des philosophies du jour.

Notre époque est souvent très audacieuse en fait, très circonspecte en paroles. Tantôt, ceux qui soumettent le canon à la critique et qui nient l'inspiration plénière, se plaisent à parler de l'autorité de la Bible et à la citer comme étant la Parole de Dieu; tantôt, ceux qui confèrent à la théologie la mission de former les dogmes, insinuent que former les dogmes ou étudier l'Écriture, c'est tout un! Ah, si nous avions le langage de notre pensée et le courage de notre opinion! Ce serait le vrai moyen de discuter avec profit.

Quand on dit que le dogme n'est point dans la Bible, qu'il doit être élaboré par la science d'après la

Bible, on ne dit pas que le dogme est dans la Bible, et qu'il n'est besoin de l'en extraire en aucune façon.

Relisez, dans la *Revue de Strasbourg,* l'article de M. Verny sur « les droits de la science ». Avec cette loyauté parfaite qui dédaigne d'être habile et que nous avons tous à imiter, M. Verny appelle les choses par leur nom. Ce qu'il repousse chez nous, c'est précisément la prétention de réduire la science à lire et à comprendre l'Écriture, c'est précisément la conviction d'après laquelle la doctrine chrétienne aurait été parfaite dès le premier jour. M. Verny ne veut pas que le programme du progrès se borne à retourner aux apôtres. Il réclame pour la science le droit de reviser le recueil, le droit de signaler les erreurs, enfin, et par-dessus tout, le droit d'ajouter à la Bible ce qu'elle ne contient pas : le dogme.

Telle est la thèse que nous combattons. Une fois chargée de fournir au christianisme quelque chose qu'on nomme dogme et qui n'est pas dans l'Écriture, la théologie entre dans le chemin funeste: funeste et honteux, où elle a entraîné et perdu les âmes pendant tant de siècles. Chargée de compléter et de *retravailler* la révélation, la théologie ne tarde pas à l'obscurcir, puis à lui substituer sa révélation à elle. Ainsi les dogmes de la Bible (faits et doctrines), disparaissent successivement sous une couche incessamment épaissie de formules et de systèmes. Ainsi il arrive que la foi évangélique, à ses heures de réveil, est appelée à découvrir ce qu'on avait d'abord si soigneusement recouvert : aujourd'hui le dogme de la justification, demain le dogme de l'Église. La foi évangélique ne crée ni ne forme ces dogmes; elle déchire un coin du lourd manteau que la théologie avait jeté sur les dogmes tout formés de Pierre, de Jacques, de Jean et de Paul.

L'histoire est là pour nous apprendre comment procède la science, dès qu'elle a mission de *former* les dogmes, au lieu de les *lire*. Chacune des philosophies régnantes (bornons-nous à cet exemple) enfante naturellement sa dogmatique particulière; les Pères platonisent, le moyen âge s'inspire d'Aristote; et de nos jours, quelle est l'école allemande qui n'ait eu sa théologie?

Il en ira éternellement de même avec la formation du dogme : les systèmes doivent succéder aux systèmes, tous invoquant l'Écriture et tous différant de l'Écriture. En remplacement de l'autorité divine, du type unique et immuable vers lequel on ne cesse de revenir, nous avons le déploiement indéfini de ces phases qui passent leur temps à s'entre-détruire et qui ne naissent que pour périr. Nous voilà lancés dans le grand voyage qui va semer sur la face des déserts les ossements de cinquante générations, et qu'on croit justifier, en disant qu'il ramènera la cinquante et unième au fertile pays natal, au pays que l'homme aurait pu ne pas quitter, au pays qui est resté inculte durant tout le cours de ces pérégrinations insensées.

Et sous quel prétexte la fausse science nous a-t-elle entraînés! Jésus, ses apôtres, ont-ils jamais prononcé un mot, un seul, qui donnât à entendre que la révélation divine attendait des remaniements théologiques? Ont-ils dit : « Vous prendrez ces doctrines, et vous en ferez des dogmes; vous prendrez l'Évangile, et vous en ferez des théories; vous donnerez à tout cela la forme systématique qui y manque; vous comblerez les lacunes; vous expliquerez les mystères; vous ajusterez vos hypothèses aux faits divins? » La révélation, telle qu'ils l'ont donnée, n'est-elle pas complète, parfaite, définitive pour la forme comme pour le fond?

D'accord, nous dit-on, la révélation divine est immuable; ce qui change, c'est la conception humaine de cette révélation! — Une telle formule sera acceptée par le catholicisme romain lui-même. Au moyen de la conception changeante, au moyen des dogmes successivement *formés*, le catholicisme n'a-t-il pas fini par supprimer en fait la révélation immuable? Les évêques ne nous le montraient-ils pas naguères, lorsqu'ils exposaient avec une sorte de naïveté la doctrine du développement, lorsqu'ils traçaient sur la carte cette marche effrayante, qui, du Nouveau Testament, a conduit leur Église jusqu'à l'immaculée conception de Marie, sans renier en rien la révélation immuable?

Plus nous avançons dans nos études, plus nous reconnaissons qu'il n'y a que deux principes : celui qui proclame l'autorité absolue et exclusive des Écritures; celui qui, par diverses voies, rationalisme, mysticisme, subjectivisme, catholicisme, échappe à cette autorité. Le premier pose toutes les conditions du parfait, du définitif, de l'obligatoire; son canon est divin, sa Bible est pleinement inspirée, son dogme est tout formé chez les apôtres. Le second supprime tantôt l'une, tantôt l'autre des conditions dont il s'agit; il soumet le canon à la critique, il signale des erreurs dans la Bible; il charge la science de rédiger en dogmes les faits et les enseignements apostoliques.

La formation du dogme est donc un des symptômes de la grande révolte contre l'Écriture, et ce n'est pas le moins alarmant.

1861.

COURTE EXPLICATION

AU SUJET DE LA FORMATION DES DOGMES.

On m'adresse quelques questions au sujet de ma dernière étude. Je désire répondre en peu de mots, et compléter ainsi l'expression de ma pensée.

Quoique le dogme soit tout formé dans l'Écriture, nous n'en restons pas moins tenus de nous livrer à un travail pour le comprendre et pour le dégager; Dieu ne nous dispense ni du travail, ni de l'effort; si Dieu nous appelle à lire, il nous appelle aussi à comprendre. Sur chaque point, nous avons à considérer un ensemble de textes; nous avons à en tirer en quelque sorte la résultante.

Ces résultantes seront nos dogmes, je le veux bien; c'est-à-dire l'expression incessamment variable et progressive de notre intelligence des dogmes scripturaires, des dogmes proprement dits, des dogmes types, des dogmes immuables, auxquels seuls il s'agira toujours de revenir.

La dogmatique conçue de la sorte est aussi innocente que nécessaire ; les plus simples chrétiens de Philippes ou d'Éphèse ont ainsi dogmatisé dès le jour où, recevant une lettre de Paul, ils ont cherché à en saisir le sens.

La dogmatique ainsi limitée ne conduira jamais à des conséquences monstrueuses. Si elle s'égare, et cela lui arrivera, elle ne s'égarera pas longtemps. Le remède se trouvera à côté du mal. Comme il ne s'agit que de comprendre le dogme scripturaire, comme on retourne sans cesse au modèle obligatoire et imperfectible, comme on n'a pas la prétention d'y rien ajouter, comme les interprétations d'ailleurs ne font pas autorité et n'usurpent en aucun cas le caractère infaillible réservé à la parole de Dieu, il est clair que ces dogmatiques humaines ne sauraient compromettre les dogmes révélés. Il y aura des oscillations sans doute, mais autour d'un centre fixe.

Tout autre est la conception des dogmes, lorsque nous aspirons à les *former*. Il n'est plus question alors de comprendre seulement; il est question de perfectionner. Or, on perfectionne en introduisant des éléments nouveaux.

Ces éléments sont les philosophies régnantes, la conscience religieuse, les symboles d'Églises, ou les dogmatiques antérieures.

Ajouter les philosophies régnantes à l'Écriture, ce n'est pas interpréter l'Écriture. L'histoire du dogme se dresse ici tout entière pour nous avertir. Ceux qui la connaissent savent ce qu'on a fait des dogmes révélés, lorsqu'on y a mêlé Platon, Aristote ou Hegel, afin d'en tirer des dogmes scientifiques.

Ajouter la conscience religieuse à l'Écriture, ce n'est pas interpréter l'Écriture. Quiconque a lu dix pages de Schleiermacher ou de ses disciples, sait ce que deviennent les dogmes révélés, lorsqu'on a pour système d'interroger le sentiment religieux de chaque époque et de considérer ses oracles comme les dogmes de ce temps-là.

Ajouter la tradition à l'Écriture, ce n'est pas interpréter l'Écriture. Ils consultent et vénèrent la tradition, ces docteurs qui nous font des dogmatiques en étudiant avant tout les dogmatiques précédentes, en tenant compte de l'histoire, en s'inclinant devant les symboles.

Ainsi nous entrons toutes voiles ouvertes dans le système qui suppose une vie organique de l'Église, amenant le développement de la vérité et la formation progressive du dogme; système diamétralement contraire à celui qui accepte une vérité complète, définitive, formée, fixée et arrêtée dès le temps des apôtres, vérité qu'il s'agit de comprendre toujours mieux, sans y rien ajouter, sans y rien changer, soit au nom de la philosophie, soit au nom de la conscience, soit au nom de l'histoire.

1863.

A QUOI BON?

— A quoi bon démontrer la certitude du canon et l'infaillibilité des Écritures? Ceux qui sont convaincus n'ont pas besoin de votre preuve, et ceux qui ne sont pas convaincus ne l'accepteront pas!

Voilà ce que l'on ne cesse de redire; nous n'aurons garde de nous en plaindre. C'est un heureux signe, quand un paradoxe se transforme en banalité. Tout progrès est condamné à passer par deux phases. D'abord on le nie : c'est absurde, c'est ridicule, c'est monstrueux! Ensuite on le méprise : c'est connu, c'est vieux, tout le monde l'a dit, nous le savions bien!

Et, dans ce dernier cas, on a soin d'ajouter (en guise d'encouragement pour ceux qui combattent) : — Nous le savions, nous; mais vous ne persuaderez pas les autres. A ceux-ci, vous n'avez rien appris; à ceux-là, vous n'apprendrez rien.

Ne dirait-on pas que l'autorité des Écritures est, ou une vérité évidente, ou une vérité de sentiment? Il est certain, en effet, qu'on ne démontre pas les axiomes; tant pis pour qui les méconnaît! Il est également certain que les vérités de sentiment, (si tant est qu'il y en ait de telles), ne seront jamais établies par une argumentation; le sentiment existe-t-il, on les admet; le sentiment est-il absent, on les nie. Aussi le mysticisme ne fait-il aucun cas des preuves : n'a-t-il pas ses preuves de sentiment, à l'appui de sa révélation de sentiment?

Il n'est pas étonnant que notre époque, si portée en toute chose aux méthodes faciles, adopte volontiers cette simple et commode fin de non-recevoir : On arrive par tous les chemins! Chacun va à son but! Qu'il y ait preuve ou non, il n'importe! Rien n'importe!

Un tel langage ne s'explique que par beaucoup d'ingratitude et par beaucoup de légèreté.

Beaucoup d'ingratitude : — Car Dieu nous a accordé, depuis quelques années, des grâces inappréciables, et nous nous faisons un jeu de les mettre en oubli. Nous glissions lentement, silencieusement, sans en avoir conscience, sur une pente fatale; déjà nos docteurs, en grand nombre, avaient abandonné le terrain de l'Écriture théopneustique et du canon certain; déjà ils distinguaient entre l'Écriture et la Parole de Dieu; déjà les thèses de Neander et de Tholuck, mises à la mode par eux, commençaient à s'insinuer dans les troupeaux. Au moment où un mal irréparable allait achever de s'accomplir dans l'ombre, le voile a été subitement déchiré, la lumière s'est faite, la négation des Écritures s'est produite avec une netteté et une audace qui ont réveillé les plus endormis, effrayé les plus confiants. Forcés de courir sus à l'ennemi qui s'avançait enseignes déployées, nous avons rencontré le traître qui se glissait à petit bruit vers les remparts. Forcés de résister au premier, nous avons été forcés de nous mettre en garde contre le second, bien autrement dangereux. De là une étude nouvelle des questions, étude entreprise en présence des objections subtiles de la science moderne. Il fallait rectifier nos positions pour livrer bataille; Dieu nous a donné de le faire en nous renfermant plus que jamais dans cette double affirmation: canon certain, révélation infaillible. Toutes les hypothèses sur le mode, tout ce qui touchait de près ou de loin au verbalisme, au littéralisme grossier, tout ce qui pouvait avoir l'air de transformer la Bible en un code d'articles numérotés ou en un recueil de sentences juxtaposées, tout cela, répudié dès l'origine par les champions de la théopneustie, a été désavoué avec plus de force encore et plus de netteté. Non seulement nos affirmations ont pris leur forme définitive, mais nos preuves ont été pesées de nouveau et mises dans leur ordre d'importance. Sans repousser aucune de celles que fournissent les considérations internes ou externes, preuves essentielles qui, marchant à l'avant-garde dans l'œuvre de la conversion individuelle, demeurent jusqu'au bout un des plus fermes appuis de la foi; nous avons reconnu qu'aucune d'elles ne correspond à la notion de canon certain, à celle d'infaillibilité absolue. Une seule preuve: le témoignage du Christ, nous est apparue comme établissant cette double notion. Alors une pensée bien simple, souvent émise, mais qui n'avait pas encore pris son rang suprême, a achevé de se préciser aux yeux des chrétiens: Croyons au sujet de la Bible ce qu'en a cru le Sauveur. Si le Sauveur a proclamé parfaite la formation d'un recueil que les prophètes n'avaient pas fixé, admettons le canon providentiel. Si le Sauveur a proclamé parfaite l'Écriture, admettons la théopneustie. Tenons pour bonne l'opinion de Jésus-Christ, laissant à nos adversaires la ressource désespérée d'affirmer que le Nouveau Testament est infiniment inférieur à l'Ancien.

On a beau dire, ce progrès dans la position et dans la solution des questions, a fait ou fera du bien à ceux qui étaient convaincus comme à ceux qui ne l'étaient pas.

Ce n'est pas tout d'être convaincu; encore n'y a-t-il pas de mal à savoir pourquoi. Dans beaucoup d'occasions on peut s'en passer, d'accord. Seulement vient telle circonstance où l'absence de raisons suffisantes est capable d'ébranler profondément notre foi. Qui de nous ne l'a éprouvé? La résistance instinctive qu'on oppose aux attaques dont la Bible est l'objet, a besoin de se tranformer en résistance logique.

En voyant démolir, l'un après l'autre, presque tous les livres de l'Ancien et du Nouveau Testament, nous ne pouvions pas ne point nous demander si nous avions reçu le canon en vertu de motifs sérieux et légitimes? Passant en revue ces motifs, nous étions épouvantés de voir figurer au premier rang le témoignage, souvent contradictoire, des Pères, ou les décisions, parfois non moins contradictoires, des conciles, ou le sentiment intime, qui ne saurait s'appliquer également à toutes les parties du recueil. En voyant accuser les saintes Écritures d'énormes et continuelles erreurs, nous ne pouvions pas ne point nous demander si notre croyance à la théopneustie était autre chose qu'un préjugé, qu'une tradition, qu'une satisfaction donnée à des besoins de certitude et de sécurité.

Or, nous étions fort peu rassurés en découvrant qu'au fond, notre argumentation se réduisait à ceci : de grandes promesses ont été faites aux apôtres, les apôtres ont reçu un don spécial d'inspiration, donc les apôtres qui parlaient par l'Esprit (et qui ont parfois mal parlé) écrivaient aussi par l'Esprit, par conséquent le Nouveau Testament est entièrement théopneustique! Tout cela n'était guère propre à nous affermir, et nous nous rappelons avoir entendu bien des chrétiens se lamenter et dire : Ah! que ne donnerions-nous pas pour avoir un argument décisif à opposer aux destructeurs! Que ne donnerions-nous pas pour avoir où appuyer solidement le canon et la révélation infaillible, l'autorité de la Bible en un mot!

Notre ingratitude oublie aussi bien les transes d'où la main d'un Père a tiré plusieurs d'entre nous, qu'elle oublie la maladie après la guérison et la mauvaise saison quand le printemps est venu. La santé, le soleil, c'est notre droit! C'est notre droit aussi de respirer librement, comme nous commençons à le faire aujourd'hui au milieu de ces questions angoissantes, et nous aimons à nous dispenser des actions de grâce en disant : C'est tout simple! Nous le savions! Pourquoi reparler de ces choses? A quoi bon?

Il n'y a pas seulement là beaucoup d'ingratitude; il y a une inconcevable légèreté.

Nous nous croyons très affermis, et nous avons peut-être à peine saisi cette puissante attestion du Sauveur, qui affirme la perfection du procédé divin, du procédé des révélations écrites. Notre impatience de la discussion trahit peut-être moins de foi que d'incrédulité. Peut-être sommes-nous de ceux qui se bouchent les oreilles, et qui se proclament ensuite les plus tranquilles des hommes, tandis qu'ils sont les plus ébranlés, les moins certains de la solidité de leurs convictions.

Les convictions solides (chez les simples aussi bien que chez les savants) ne craignent ni le grand air ni le grand jour. Elles reposent sur une garantie si haute, que les contestations humaines ne peuvent en aucun cas les atteindre. Mais il en est autrement des convictions mystiques ou des convictions de commande, créées et maintenues par un acte de volonté ; celles-là courront grand risque, le jour où les voiles dont elles s'entourent seront déchirés ; or un tel jour ne manque jamais de venir.

Nous sommes bien légers ! Nous le sommes pour nous, nous le sommes pour les autres. A supposer que nous ayons personnellement saisi la vérité, que nous n'ayons rien à apprendre, ou même que le travail important des dernières années ne nous ait rien appris, oublions-nous qu'il y a près de nous un nombre très considérable d'hommes qui, n'étant pas encore parvenus à cet heureux état, ont besoin, eux, que le débat se poursuive? Osons-nous désespérer des adversaires déclarés de l'Écriture? Osons-nous désespérer des âmes plus nombreuses qui n'ont pas de parti pris, qui doutent, qui cherchent, qui cherchent avec angoisse, dont les objections n'ont pas encore été réfutées, et qui arriveront certainement à la vérité si nous savons persévérer dans notre œuvre?

Jamais il ne fut moins juste de dire : Ceux qui sont déjà convaincus n'ont pas besoin de la preuve, et les autres ne l'accepteront pas. Nous disons, nous : Ceux qui étaient déjà convaincus avaient besoin, grand besoin de la preuve, et ceux qui ne sont pas déjà convaincus finiront par l'accepter.

En attendant, ne nous hâtons ni de déclarer le travail inutile, ni de chanter victoire — ce qui revient à peu près au même. Voyons les choses comme elles sont. Le péril, qui a été immense, est loin d'avoir disparu. On ne sort pas en quelques jours d'une des crises les plus redoutables que le christianisme ait traversées, d'une crise qui se rattache par tant de liens aux tendances générales de notre temps.

Où voyez-vous une victoire gagnée? serait-ce en France ou en Suisse? Vous ne lisez donc pas nos journaux religieux, nos revues religieuses? Vous ne savez donc pas où en sont beaucoup, beaucoup de nos pasteurs, la plupart des hommes qui ont passé par l'officine des facultés de théologie? Vous ignorez donc que, dans ces mêmes facultés de théologie, des doctrines dangereuses sont encore, à l'heure où j'écris, presque universellement enseignées? Vous n'avez donc pas ouvert une seule de ces thèses d'étudiants, de futurs pasteurs, qui, remarquables souvent et parfois pieuses, ne sont pour ainsi dire jamais fidèles en ce qui concerne l'autorité des Écritures et reproduisent les théories de Néander ou de Tholuck? Vous n'avez donc pas remarqué que parmi les docteurs (les docteurs évangéliques, s'entend), la grande majorité est au moins hésitante sur la question de l'infaillibilité biblique?

Et l'Allemagne? On entend dire et répéter qu'elle a répudié ses erreurs. De nobles déclarations ont effectivement retenti chez elle, des voix courageuses ont protesté contre la distinction établie entre l'Ecriture et la Parole de Dieu. C'est là un bon signe, nous nous en sommes réjoui. Mais, quant à penser que tout soit terminé en Allemagne, nous n'avons garde de tomber dans une telle illusion. Si au lieu de demander aux

Allemands des protestations générales, vous leur posiez des questions précises, combien en trouveriez-vous qui fussent disposés à reconnaître la certitude divine du canon et la révélation infaillible?

Nous en sommes fâchés pour ceux qui ne veulent pas de la vie telle que le Seigneur l'a faite à ses témoins, pour ceux qui aspireraient à se délivrer « du train de guerre »; la clôture ne saurait être prononcée, et le moment de sonner la retraite n'est pas venu. L'ennemi tient encore la campagne; il la tient chez nous, ailleurs, partout. Nous avons gagné un peu de terrain sur lui, cela est vrai, grâce à Dieu; toutefois, de là à le mettre en pleine déroute, il y a passablement loin; or tant qu'il ne sera pas en déroute, nous ne pourrons rentrer sous nos tentes sans courir un immense danger.

Le danger ne menace pas la Bible elle-même : la Bible triomphera toujours, la Bible ne périra jamais, la Bible est plus forte que toutes les pauvres objections de la pauvre science, d'accord ! Mais si la Bible ne périt pas, les âmes périssent, les églises périssent; si la vérité finit toujours par prévaloir, l'erreur n'en a pas moins de longues, de tyranniques dominations. Il nous semble qu'il y a, entre le IVe et le XVIe siècle, sans parler de ce qui précède et de ce qui suit, une réponse assez forte à l'adresse des chrétiens dont la paresse trouve un si beau prétexte dans cette vérité incontestable : la Bible ne périra pas.

Nous n'avons pas envie de recommencer les expériences de nos pères. Mis en possession de l'Écriture par la bonté de notre Dieu, nous résisterons jusqu'au bout, malgré nos ennemis... et nos amis, à ceux qui voudraient nous l'arracher. Et pour cela, nous continuerons à laisser de côté les questions d'inspiration verbale, les questions de procédé, les questions qui se rattachent aux relations mystérieuses du facteur divin et du facteur humain. Nous nous renfermerons dans la forteresse que défend le témoignage de Christ : point d'erreur dans l'Écriture; point de doute à l'égard du canon.

1863.

LE PRINCIPE DE LA RÉFORME.

En travaillant à maintenir l'absolue, l'exclusive autorité de la Bible, nous avons la prétention de maintenir le principe même qui a fait la Réforme au XVIe siècle. Si notre prétention était mal fondée, nous le reconnaîtrions sans peine, car nous tenons moins à être d'accord avec la Réforme qu'avec l'Évangile; mais sur ce dernier point, nous n'éprouvons aucune crainte : Jésus et ses apôtres déclarent par tout en traits explicites, que l'Écriture est l'unique règle, la règle certaine, la règle infaillible. La Réforme a tenu le même langage; et cela doit être, car la Réforme n'est qu'un retour à l'Écriture; là résident sa force, sa légitimité, sa signification tout entière. La Réforme n'a pas inventé, elle a retrouvé. La parole des réformateurs a été un appel à la Parole de Dieu.

C'est là précisément ce qu'on nous conteste. — Les

réformateurs, s'écrie-t-on, ne sont pas du tout, comme vous, de simples disciples de la Bible. Tandis que vous admettez la certitude providentielle du canon, ils se permettent de contester, tantôt l'épître de Jacques, tantôt l'Apocalypse; tandis que vous admettez l'exactitude constante du texte, ils se permettent d'insinuer qu'il y a eu ici ou là certaines erreurs; tandis que vous admettez que le dogme distinctif est tout formé dans les livres saints, ils se permettent de faire de la théologie, des systèmes et des formulaires.

Acceptons pour vraies ces assertions singulièrement exagérées. Supposons que Luther, par exemple, n'ait jamais condamné lui-même, implicitement du moins, les témérités auxquelles il s'était laissé entraîner; cela nous ôtera-t-il le droit d'affirmer que le retour à l'autorité exclusive et absolue de la Bible est le principe fondamental de la Réforme?

Pas le moins du monde. On fait une étrange confusion entre le principe de la Réforme et l'exemple des réformateurs. Nous n'avons jamais prétendu, certes, que Calvin et Luther fussent restés constamment fidèles au principe de leur œuvre, ou même qu'ils en eussent eu constamment la nette intelligence. Leur exemple a pu souvent être fort mauvais à suivre, sans que le principe de la Réforme fût moins excellent pour cela. C'est de celui-ci seul qu'il s'agit. Laissons donc les hommes s'égarer parfois, perdre le but de vue, employer des moyens imparfaits; laissons-les subir les conséquences d'une éducation cléricale ou monacale, participer aux préventions et aux habitudes de leur temps, céder aux inspirations de la fausse science; en dépit de ces défaillances qui n'ont rien de sacré et de ces actes que nous ne nous croyons pas tenus d'imiter, le fait essentiel demeure : le volume de l'Écriture a été rendu au monde ; tout ce qui n'est pas l'Écriture, (Pères, théologiens, traditions, sciences, bulles et canons,) tout a été anéanti; les plus fameux livres des docteurs et les plus solennelles décisions des conciles s'effacent devant le moindre verset de l'Écriture. Voilà le grand événement, la révolution du XVIe siècle : on ne cite plus que l'Écriture; on n'argumente que par l'Écriture ; au lieu d'invoquer *des autorités,* on n'invoque qu'une seule autorité; au lieu de remonter au commentaire, on remonte au texte.

A ce puissant et magnifique mouvement qui s'appelle la Réforme, opposera-t-on les excentricités, ou les imprudences momentanées, ou même les opinions particulières des réformateurs ? Ce serait bien mal comprendre un tel événement. Les choses, en pareil cas, ont une majesté, une importance, une vérité, et comme une intelligence de leur mission qui met en saillie l'inconsistance des hommes. Les hommes sont bien petits alors. Ce n'est pas à eux, c'est aux choses qu'il faut demander le sens de ce que Dieu accomplit par leur moyen.

Luther et Calvin ont été parfois inconséquents ! Qui en doute? Mais la Réforme est autre chose, grâce à Dieu, que Luther et que Calvin. — Luther et Calvin n'ont pas toujours compris la valeur souveraine de la Bible ! Mais il n'est pour ainsi dire pas un sujet grave sur lequel ils n'aient erré, tout en répandant à flots la lumière qui jaillissait pour eux de ce livre rouvert par leurs mains.

Leurs systématisations humaines n'ont-elles faussé aucune doctrine? Leurs confessions de foi sont-elles notre Évangile? Leurs écrits sont-ils une révélation? Adoptons-nous leurs vues sur l'Église, sur les rapports avec l'État, sur la liberté religieuse, sur l'emploi des armes charnelles? Est-ce là, est-ce dans une exposition quelconque de leurs théories que nous irons chercher le mot de la rénovation religieuse dont ils ont été les principaux instruments?

Le mot se trouve plus haut que les théories et que les écrits des hommes. Il y a dans toute impulsion considérable imprimée à l'humanité, quelque chose de général, de fondamental : il y a une racine, un principe. Les hommes sont souvent infidèles au principe même qui les pousse; s'arrêter à ces infidélités de détail, c'est vouloir fermer les yeux au principe, c'est manquer du sens historique. Ceux qui prétendent que le retour à la Bible n'a pas été le principe de la Réforme, parce que tel réformateur a mal parlé d'un écrit biblique, feront bien de prétendre aussi que la doctrine ultramontaine n'est pas le principe du catholicisme romain, parce que tel pape ou tel concile s'est montré accidentellement favorable au gallicanisme!

Sachons distinguer la règle des exceptions; le fait essentiel des accidents; et, pour ce qui concerne le problème spécial qui nous occupe, sachons traverser la sphère subordonnée des conséquences et des inconséquences, la sphère des applications dérivées en un mot, pour remonter jusqu'au principe générateur de la Réforme.

Ce principe est tel que nous l'avons défini. Voilà ce qu'il nous reste à établir.

On entend souvent répéter : Le principe de la Réforme, c'est la justification par la foi! — Qu'est-ce à dire? La justification par la foi serait-elle, par hasard, une vérité première au delà de laquelle on ne pût pas remonter? Non; cette vérité-là n'existait qu'en vertu d'une autre vérité : l'Écriture étant tout entière la Parole de Dieu, et la Parole de Dieu n'étant que dans l'Écriture, on avait consulté l'Écriture et on y avait trouvé, proclamé en caractères éclatants, la justification par la foi. La justification n'existait pas par elle-même, elle existait parce que l'Écriture l'attestait et parce que la tradition qui la niait s'effaçait devant l'Écriture. Ce dogme essentiel n'était donc pas le principe, il était la conséquence, l'application du principe. La Réforme avait sa pierre de touche, sa loi suprême, son juge des controverses. Était-ce la justification? était-ce la Bible? personne assurément n'hésitera à répondre.

Si je veux examiner quelle est l'organisation politique d'un pays, je ne m'arrête pas à telle ou telle loi, pour importante soit-elle; je vais jusqu'à la loi des lois, jusqu'à la constitution; la constitution seule me montre le vrai souverain, démocratique, représentatif, aristocratique, absolu. Encore, cette souveraineté des constitutions politiques n'est-elle qu'une faible image de la souveraineté bien autrement complète, bien autrement exclusive que l'Écriture exerce parmi les protestants, et dont la restauration a amené, ou pour mieux dire, *a été* la Réforme.

La question de l'autorité est la question des questions: la question de principe.

Aura-t-on découvert le principe du catholicisme romain, quand on aura parlé de messe, de transsubstantiation, d'images, du culte de Marie? Aura-t-on découvert le principe du rationalisme, lorsqu'on aura remarqué que les rationalistes sont unitaires? Aura-t-on découvert le principe de la Réforme, lorsqu'on aura constaté que la justification par la foi a joué un rôle décisif au XVIe siècle? Non, certes. Ce qu'il importe de savoir, c'est quelle est l'autorité qui a donné la messe aux uns, l'unitarisme aux autres, la justification par la foi aux troisièmes. Or il n'y aurait pas eu de messe sans le principe de la tradition, sans le principe de l'interprétation infaillible; il n'y aurait pas eu d'unitarisme sans le principe de la raison souveraine; il n'y aurait pas eu de justification par la foi sans le principe de soumission à l'Écriture.

On tâche d'échapper, en nous proposant de reconnaître deux principes au lieu d'un. Un principe *formel :* la tradition, la raison, l'Écriture. Un principe *matériel :* la messe et les saints, l'unitarisme, la justification par la foi.

Deux principes! autant vaudrait dire deux têtes! Croie qui voudra à ces Églises et à ces théories bicéphales. Pour notre compte, nous ne saurions voir là deux principes; nous y voyons un principe et une application. L'un est avant l'autre dans l'ordre logique; l'un engendre et l'autre est engendré, l'un sert de règle et l'autre existe en vertu de cette règle.

Étant donné le principe, l'application devient inévitable. — Voici une Église (ou soi-disant telle) qui place l'autorité supérieure dans la tradition, dans la révélation permanente émanée d'un pouvoir interprétatif résidant à sa tête. Impossible dès lors que les tendances naturellement païennes du cœur de l'homme ne se donnent pas carrière, qu'on ne marche pas au matérialisme religieux, au formalisme, à l'adoration des créatures. — Voici une théorie qui place l'autorité suprême dans la raison. Impossible que le christianisme ne se réduise pas aux proportions de la religion naturelle, qu'on n'en retranche pas avant tout l'expiation par le sang de Christ et la divinité du Sauveur. — Voici un retour qui s'opère vers l'enseignement apostolique, l'autorité suprême est rendue à l'Écriture.

impossible qu'on ne voie pas reparaître le grand dogme, le dogme central, le dogme de la justification.

L'importance des applications détournant l'attention des historiens, les a souvent empêchés de distinguer le principe. Il est certain que les applications nous touchent bien plus; ce sont elles qui émeuvent, qui consolent, qui convertissent; ce sont elles qu'on prêche; le principe sur lequel elles reposent est habituellement sous-entendu, à moins que, mis en cause lui-même, il ne soit forcé de se défendre. Les premiers chrétiens s'occupaient de Christ et de Christ crucifié; ils ne s'inquiétaient guère de l'autorité, non contestée alors, par laquelle la réalité de l'œuvre de Christ leur était garantie. Les catholiques du moyen âge s'occupaient de leur Vierge, de leurs saints, de leur confession, de leur messe; ils ne s'inquiétaient guère de l'autorité, non contestée alors, par laquelle les croyances étaient garanties. Les hommes du XVIe siècle s'occupaient de la justification par la foi, qui donnait la paix à leurs âmes, la vie morale à leurs consciences, qui leur rendait enfin la vue d'un Sauveur si longtemps voilé; ils ne s'occupaient guère de l'autorité par laquelle la grâce de Christ leur était garantie; cette autorité n'était pas contestée alors, et personne n'osait encore présenter expressément ni protestations catholiques, ni protestations rationalistes contre la Parole de Dieu.

Les rapports du contenant et du contenu sont bien simples; pourquoi faut-il qu'on soit toujours parvenu à les fausser? à prendre l'application pour le principe? certaines doctrines particulières pour l'autorité qui consacre les doctrines? M. de Rémusat lui-même s'y est trompé, et dans son travail si justement remarqué sur l'ouvrage de M. Merle d'Aubigné, il attribue à la justification par la foi la place qui n'appartient qu'au principe suprême et générateur, à la vérité première, à la norme qui juge tout et qui n'est jugée par rien : à l'autorité, en un mot. Rendre à la Bible son rang dans le christianisme et dans la Réforme, ce n'est cependant diminuer en rien ni la justification par la foi, ni les autres dogmes qu'elle fournit. On ne tient au contenant qu'en vue du contenu; cet héritier qui insiste sur la validité du testament, ne le fait qu'en vue de l'héritage. Lui demanderez-vous ce qu'il préfère : de l'héritage ou de la feuille de papier qui le lui assure? Il trouvera votre question fort mal posée. — C'est l'héritage que je veux, s'écriera-t-il; mais, pour l'avoir, il m'importe de maintenir la valeur de la feuille de papier. L'objet de ma réclamation est l'héritage; mais son *principe* est le testament : la volonté et le droit du testateur. Il n'y a pas ici deux principes, le testament et l'héritage; il n'y en a qu'un seul, le testament. Je m'appuie sur le testament, je suis l'homme du testament.

Luther a brutalement attaqué certaines parties du canon! Calvin a tenu parfois un langage qui ne semble pas se concilier avec l'inspiration plénière! C'est possible, et cela prouve seulement que, sur ce point comme sur beaucoup d'autres, Luther et Calvin n'ont pas toujours compris, pas toujours respecté leur propre principe.

Ce principe en existait-il moins pour cela? Nous en appelons à l'ensemble même des écrits des réformateurs. Chez eux l'inconséquence est une exception, exception momentanée et que tout désavoue ensuite. Voyez de quelle manière ils citent l'Écriture, de quelle manière ils s'appuient sur elle; tiendraient-ils un pareil langage si le recueil des livres saints leur semblait réellement suspect, si les déclarations des livres saints leur semblaient réellement contestables?

Passez des réformateurs à la Réforme, car c'est là que le principe doit apparaître dans toute sa vérité. La Réforme tenait-elle la Bible pour un volume soumis à la juridiction souveraine de la critique, ou le tenait-elle pour un volume absolument certain, dont toutes les parties, dont toutes les paroles faisaient autorité? Ce doute général qu'on tend à faire planer aujourd'hui sur l'Écriture existait-il alors peu ou beaucoup? Tant s'en faut, qu'au contraire, une entière assurance au sujet du recueil, au sujet de l'infaillibilité, se manifeste ici, toujours et partout. Vis-à-vis des catholiques romains et vis-à-vis des fanatiques, avec les adversaires du dehors et avec ceux du dedans, dans les synodes, dans les confessions de foi, dans les prédications, dans les livres, dans les disputes, un axiome fondamental est admis sans contestation et sans hésitation, une vérité première est universellement invoquée, un juge des controverses est appelé, devant lequel chacun s'incline et que jamais personne n'accuse d'erreur: ce juge suprême c'est l'Écriture, c'est un mot quelconque d'une portion quelconque de l'Écriture.

En sommes-nous là maintenant? Est-ce là surtout que nous en serons bientôt, pour peu que les maximes propagées par la plupart des écoles de théologie continuent à faire leur chemin? Déjà, les docteurs qui se respectent, n'emploient entre eux les citations de la Bible qu'après avoir établi la canonicité probable des écrits auxquels ils les empruntent et la valeur probable des paroles citées; bientôt, la plus simple loyauté exigera que les prédicateurs, imitant cet exemple, cessent d'invoquer en chaire, à titre de Parole de Dieu, ce qui n'est qu'un fragment fort contestable à leur avis. Voilà où nous marchons, voilà où nous ne tarderons pas à arriver, si la résistance énergique des disciples de la Bible ne réussit pas à maintenir le principe compromis de la Réforme. — Et l'on vient nous dire que le XVIe siècle traitait l'Écriture comme la traite l'école de Néander et de Tholuck !

Répétons-le, la Réforme n'a pas été infaillible, et les réformateurs l'ont été encore moins. A côté du principe qui faisait leur force, ils ont placé les inconséquences qui faisaient leur faiblesse. La liste de ces inconséquences serait longue. Après les paroles irréfléchies qui portent atteinte à la théopneustie ou au canon, il faudrait y placer la doctrine et les actes contraires à la liberté religieuse, sans oublier les doctrines et les actes contraires à l'Église. Méconnaître les droits de la foi personnelle, introduire l'État dans le domaine religieux, nier implicitement la nouvelle naissance, ce n'était pas peu de chose sans doute; le principe de la Réforme ne pouvait être plus directement attaqué. Que voulez-vous? les hommes sont des hommes; le Seigneur qui leur donne les secours du Saint-Esprit ne leur donne pas l'infaillibilité. D'anciens théologiens catholiques, élevés dans les voies de la tradition, ne pouvaient saisir du premier coup ni la spiritualité de l'Évangile, ni l'individualisme ecclésiastique, ni l'importance suprême et l'inviolabilité nécessaire de la Parole de Dieu.

Nous souffrons de leurs inconséquences et nous ne nous croyons pas tenus de les imiter. Le vrai moyen de continuer leur œuvre, c'est de la défendre au besoin contre eux-mêmes, c'est de reprendre dans toute sa grandeur le principe qui les dirigeait, mais qu'ils n'ont pas toujours respecté.

Dans toute sa grandeur, disons-nous ! Il ne manque pas de gens que notre assertion fera sourire. — La justification par la foi, à la bonne heure ! Quant à l'autorité des Écritures, c'est une pauvre devise à inscrire sur le drapeau d'une Église ! Il y avait des affirmations, des dogmes, de la vie à la base de la Réforme ; et non pas seulement une négation ou une méthode, la Bible et le libre examen !

Ainsi reparaît obstinément l'absurde logomachie qui, embrouillant les termes, oppose le contenu au contenant et n'a certes pas de peine à montrer que le premier est bien plus important que le second. Nous ne nous arrêterons plus à relever cela. Nous dirons que la Bible et le libre examen forment le plus magnifique symbole qui ait jamais paru sur la terre : la Bible, c'est-à-dire l'autorité absolue de la révélation divine, et, par cette révélation, la personne, l'œuvre, l'enseignement, l'amour entier de Jésus-Christ ; le libre examen, c'est-à-dire le rejet absolu de toute autorité humaine, le droit et le devoir pour chacun de s'approcher lui-même de l'Écriture en implorant l'aide du Saint-Esprit.

Tel a été le principe de la Réforme ; tel il est demeuré, en dépit des infidélités nombreuses auxquelles ont été entraînés les réformateurs et les théologiens qui les ont suivis ; tel il doit revivre parmi nous, si nous tenons à continuer la Réforme jusqu'au point où, à force de rétrograder, elle aura rejoint le modèle apostolique.

1871.

L'ÉVANGILE

ET LA MORALE INDÉPENDANTE.

Quand on a éprouvé quelque chose des sentiments que fait naître l'Évangile, on a de la peine à visiter les déserts glacés qui s'étendent loin de lui : ce pauvre déisme avec son Créateur inactif et impuissant; ce panthéisme qui supprime la personne humaine comme la personne divine; enfin ces négations horribles et désespérantes, l'athéisme et le matérialisme, le positivisme, la morale indépendante[1]!

Entendons-nous bien.

Nous sommes tous pour la morale indépendante!

Tous nous croyons que le sens moral existe en

1. On a répandu à profusion chez nous *le Catéchisme républicain*. Rien n'est effroyable comme ce petit livre, publié à Paris pendant le siège. C'est sur la négation de Dieu et de nos devoirs envers lui qu'est fondée la liberté.

nous, indépendamment de la religion et des révélations.

Tous nous croyons tellement à la morale indépendante, que nous sommes certains qu'elle est une, qu'il n'existe pas deux morales, et que, dans les mondes qui nous sont inconnus, s'il y a des créatures responsables, la conscience est chez elle ce qu'elle est chez nous.

Tous nous croyons que le bien existe en soi, que Dieu ne le crée pas arbitrairement, que la sincérité n'est pas supérieure au mensonge en vertu d'une décision et d'une révélation divines, mais en vertu de leur nature.

Si la morale indépendante ne va pas plus loin, ce n'est pas la peine de discuter.

Mais la morale indépendante n'a été inventée que pour aller plus loin.

Il s'agit de supprimer Dieu.

La morale indépendante, c'est l'homme bon, l'homme infaillible, l'homme inaccessible aux influences mauvaises ! Il ne faut pas moins que cela pour que les religions deviennent moralement inutiles, pour que nous puissions avoir l'homme moralement immuable par sa nature identique au bien, indépendamment des religions qui n'ont rien à lui apprendre en fait de morale.

Dès le moment où la morale indépendante n'est pas cela, dès le moment où elle admet les influences et les modifications des notions morales, dès le moment où elle admet des modifications dans l'autorité qu'exercent ces notions chez nous, le rôle entier des religions reparaît, le but de la morale indépendante est manqué ; cet homme qu'elle nous montrait, cet homme en possession d'une morale complète, parfaite, immuable, cet homme qui n'a pas besoin d'être aidé d'en haut pour obéir au sens moral, n'existe plus, et la morale indépendante devient très dépendante.

De toutes les attaques dirigées actuellement contre l'Évangile, celle-ci est la plus dangereuse.

L'homme a beau faire, il sent l'importance de la morale, sa conscience ne lui permet jamais de l'oublier. Donc sa dépendance vis-à-vis de Dieu subsistera tant que Dieu sera nécessaire à la morale.

En vain on attaquait les dogmes; tant que le lien entre la morale et la religion n'était pas rompu, tant qu'on reconnaissait généralement que la morale doit beaucoup à la religion, qu'en ôtant à la religion on compromet la morale, rien n'était perdu. Il fallait donc, nécessairement, en venir à la morale immuable, invariable, indéfectible, infaillible!

Pour que le système atteigne son but, pour qu'il établisse que la morale ne peut être ni affermie ni affaiblie par quoi que ce soit, il doit en effet soutenir les thèses suivantes :

Toutes les notions morales au grand complet existent chez tous les hommes. Sur aucun point il ne peut y avoir ni lacune, ni imperfection, ni obscurité.

L'autorité de ces notions sur le cœur de l'homme est pareillement immuable, elle ne subit ni altération ni modification quelconque ; aucune influence ne peut accroître ou diminuer, fortifier ou compromettre l'action identique qu'exercent invariablement les notions de la morale sur tous les hommes. Religions, familles, éducations, caractères, exemples, milieux, rien n'y ajoute ou n'y retranche.

Si, sur le premier ou le second point, on admet une variation quelconque, une influence quelconque, le système entier s'écroule, et l'importance morale de la religion reparaît, exactement telle que nous la soutenons.

De là l'homme bon. L'homme bon est la condition première de la morale indépendante.

Avec l'homme déchu et corrompu, vous avez le cœur mauvais ; le cœur mauvais fournit une multitude de données fausses, qui gênent étrangement l'action du sens moral; dès lors vous retombez sous les influences qui relèvent les notions morales en combattant la perversité du cœur. Avec l'homme bon, au contraire, tout va de soi. Aussi l'homme bon forme-t-il l'article fondamental du symbole de nos adversaires. Le bien, selon eux, c'est tout simplement ce qui est conforme à notre nature.

Le système est logique, son seul embarras consiste à se mettre d'accord avec l'histoire et avec l'expérience journalière. Dans ce double champ d'observation, l'homme bon fait une étrange figure, et la morale immuable n'a pas moins de peine à trouver sa place.

Après avoir prétendu à l'infaillibilité pour le sens moral, le système est forcé de prétendre à l'infaillibilité pour le sens intellectuel.

Notre raison ne peut pas plus varier que notre conscience.

Que le système laisse cette porte ouverte, l'influence des religions rentre par là, notre indépendance absolue vis-à-vis de Dieu disparaît.

Le système en est donc réduit à soutenir que la raison comme la conscience a eu, toujours et chez tous, les mêmes notions complètes, les mêmes lumières invariables, à l'abri de toute action extérieure ou supérieure.

Le système ne peut se contenter de maintenir (ce que nous ne contestons pas) l'immutabilité de la loi morale et de la loi intellectuelle, le caractère invariable des règles qui constituent la science et la raison; le système doit soutenir que, dans l'application détaillée de ces règles et dans l'autorité qu'elles exercent sur nous, il n'y a ni modification ni degré.

Tous nos sens, j'en conviens, sont fidèles et invariables dans la loi qui les constitue; mais tous subissent l'influence des données diverses, dans l'application effective.

Prenez les sens physiques.

Si l'eau courbe un bâton, ma raison le redresse.

Ce vers de La Fontaine cite un exemple entre mille. Le mirage nous fait voir des lacs en plein désert. La cime la moins élevée nous paraît souvent la plus haute. La transparence de l'air nous fait croire que telle montagne est fort près, tandis qu'elle est fort loin.

Voyez le sens intellectuel. Non moins fidèle dans son essence, il est bien plus faillible dans son application, parce que la falsification des données est bien plus fréquente dans le domaine des idées que dans le domaine des observations matérielles : fausses données historiques, fausses données politiques, données que fausse la préoccupation des intérêts, ou l'empire des habitudes, ou l'influence des théories, ou celle des milieux ou l'ignorance, ou la passion, ou la tradition!

Le sens moral n'est point à l'abri de l'action qu'exercent ces données.

En lui-même il est droit et se maintient droit; mais voici les notions fournies par le cœur corrompu, par l'imagination corrompue, par le monde corrompu, par les habitudes corrompues; voici l'influence des idées reçues, des usages admis, de la famille, de l'entourage, de la nation, de l'époque, de la superstition, des événements, des entraînements : c'est dans ce triste milieu que se meut la conscience. Elle demeure la voix de Dieu en nous. Que d'obstacles, toutefois, entre cette voix et nous! Nous l'entendons mal; nous ne l'entendons plus; nous nous faisons une autre conscience; nous nous rassurons au sujet de nos vices. Et c'est ainsi que nous finissons par avoir une conscience obscurcie, une conscience gâtée.

La morale est innée, invariable, infaillible!

Comment y a-t-il alors des enfants bien ou mal élevés? Comment y a-t-il des enfants bien ou mal nés? Dans votre système, il est impossible qu'une mauvaise éducation change rien au caractère de l'enfant; il est impossible que l'action mystérieuse d'une hérédité de famille y change rien non plus.

La morale est innée, immuable!

Alors pourquoi parlez-vous de morale à vos enfants? ils n'ont rien à apprendre; ils possèdent, ils posséderont la morale parfaite. Personne ne saurait la leur ôter; l'admettre, ce serait accorder que nous pouvons subir des influences de cet ordre, ce qui renverserait de fond en comble la morale indépendante; sa thèse se confondrait avec la nôtre; nos adversaires conviendraient avec nous : que le bien en soi existe; que le sens moral destiné à reconnaître ce bien existe; que, dans l'application, des influences s'exercent, fortifiant ou affaiblissant l'action de ce sens moral. Or, parmi ces influences, il faudrait bien donner rang à la religion.

La morale est immuable!

Alors pourquoi y a-t-il discussion entre nos adversaires et nous? Notre conscience et notre raison ne nous disent pas évidemment la même chose qu'à eux; il faut bien qu'elles aient subi certaines actions diverses. Avec des consciences et des raisons absolument indépendantes, ne pouvant ni s'éclairer ni s'obscurcir, ne connaissant ni altération ni progrès; avec des consciences et des raisons immuables et par conséquent identiques, il est impossible de concevoir une discussion ou un désaccord.

La morale est immuable!

Alors pourquoi chacun de nous se rappelle-t-il des époques dans sa vie où les notions morales n'étaient pas ce qu'elles sont devenues depuis? Chez les uns, le niveau s'est élevé; chez les autres, il s'est abaissé; chez tous il a changé; de telle sorte que la prétendue morale immuable se trouve démentie par notre histoire individuelle.

La morale est innée, invariable!

Nierez-vous que certaines idées ne faussent l'exercice du sens moral, jusqu'à amener cet état effrayant de l'âme où elle accomplit des crimes sans éprouver le moindre remords?

Philippe II était content de lui. Les juges du bon vieux temps ont torturé sans ressentir le plus léger trouble de conscience. Dans un autre genre, d'abominables attentats politiques ont été commis sans aucune révolte du sens moral. Et ne voyons-nous pas les débauchés qui, à force d'habitudes vicieuses, finissent par éteindre leurs derniers scrupules?

Infaillible! nous, des consciences infaillibles! Bien qu'on nous accoutume à entendre parler d'infaillibilité, nous ne nous résignons pas à envisager de sang-froid cette idée lorsqu'il s'agit de notre pauvre race humaine.

Était-il infaillible, le Grec qui se livrait sans inquiétude aux plus monstrueuses abominations? Était-il infaillible, l'inquisiteur qui tenaillait, qui brûlait pour l'amour de Dieu, et qui croyait bien faire? Est-il infaillible, le Peau-Rouge qui fait lentement mourir son ennemi, et qui s'en glorifie? Est-il infaillible, le civilisé qui pratique la grosse morale mondaine, et qui se sait gré d'être honnête homme?

Si vous voulez maintenir votre morale immuable (remarquez qu'il faut qu'elle soit la même chez tous, dans tous les temps, dans tous les pays, dans toutes les conditions, dans toutes les vies, dans tous les caractères), ne regardez pas à l'histoire, car l'histoire vous montrera je ne sais combien de morales différentes, professées en parfaite conscience.

La morale d'avant l'Évangile n'est pas la morale d'après l'Évangile. La morale des épicuriens ne passait pas pour être celle des stoïciens, qui n'était pas celle de Cicéron ou de Plutarque. Il y a eu la morale catholique, la morale puritaine, la jésuitique et la janséniste. Nous avons la morale mondaine[1]. Nous avons eu la morale de l'amour libre, très sérieusement exposée. Nous avons eu la morale de l'art pour l'art : ce qui est beau est toujours bon! le talent et l'esprit sanctifient tout! L'autre jour, la passion politique formulait sans se gêner la morale de l'assassinat.

La morale est immuable, et l'homme est bon!

1. Celle-là justifie carrément la mauvaise conduite chez les jeunes gens et presque l'adultère chez les maris. Il est vrai qu'elle réserve sa sévérité pour les femmes.

Encore un coup, d'où vient le mal, dites-le moi? d'où viennent les crimes?

Tenez, je n'ai pas le courage de rappeler, même par allusion, les férocités inouïes qui remplissent d'un bout à l'autre les annales du genre humain; mais cherchez un seul jour dans l'histoire où vous puissiez loger votre fable stupide de l'homme bon! Sera-ce dans le monde païen, au milieu des ignominies de l'esclavage et de la traite? Sera-ce dans le moyen âge, quand l'oppression, quand l'écrasement matériel, intellectuel et moral changeait l'Europe en désert? Sera-ce sous l'ancien régime, quand l'injustice et la persécution se donnaient si large carrière? Sera-ce maintenant, en face des cruautés de la guerre, des atrocités de l'insurrection et des lâchetés qui permettent tout cela?

La morale indépendante choisit mal son moment.

Il serait tristement curieux d'énumérer les atteintes à la morale la plus élémentaire qui se multiplient aujourd'hui sous nos yeux.

Ce ne sont pas seulement des actes abominables, très froidement accomplis, très généralement approuvés ou tolérés; ce n'est pas seulement le devoir se retirant partout devant le succès; c'est une indifférence croissante, une apathie, une atonie absolues. Vous diriez l'application à la morale du principe de l'économie politique : Laissez faire et laissez passer!

Avouez que la morale indépendante, la conscience infaillible et uniforme, le devoir se suffisant à lui-même et n'ayant besoin du secours de personne, font un assez sot personnage au milieu de nous, lorsque les moins clairvoyants signalent l'affaissement moral et la maladie des consciences!

Ce qui a fléchi, c'est précisément la conscience; c'est précisément la conscience qu'il faut guérir.

Ce qui s'est obscurci, c'est la notion même du devoir; ce qu'il faut rétablir, ce sont les éléments mêmes de la morale: la probité, le respect de la loi, le respect du droit, la résistance au mal, l'indépendance, le sacrifice de soi.

Mais vous-mêmes, n'avez-vous pas dénoncé, avec M. Quinet, la grande maladie des consciences? N'avez-vous pas accusé l'empire et le despotisme de produire des défaillances morales? Ne vous est-il pas échappé de dire que le niveau moral s'élève ou s'abaisse sous l'influence de telle ou telle doctrine?

Or, je vous le demande, qu'est-ce qu'une maladie des consciences si la conscience est toujours égale à elle-même, si les notions du bien et du mal ne s'altèrent jamais, si l'influence du devoir reste invariable?

Si, au contraire, la maladie des consciences est un fait, si nous sommes en présence d'un affaiblissement terrible de tous les sentiments de devoir, si les notions de bien et de mal se sont effacées, si le sens moral a perdu son empire, que devient votre morale indépendante?

Les rapports de la religion et de la morale, au reste, ne se sont jamais plus évidemment montrés qu'aujourd'hui.

L'état moral de chaque peuple, sa vigueur nationale par conséquent, se proportionnent rigoureusement à ses croyances. Regardez les peuples musulmans, les peuples catholiques, les peuples de la Bible; regardez la France! Pour nous, la déchéance morale s'est visiblement mesurée à la déchéance religieuse; à mesure que s'est retirée cette portion de christianisme que le catholicisme renferme en lui, la force morale de la France s'en est allée.

Soyons justes.

Ce qui donne prise ou prétexte aux doctrines du catéchisme républicain et de la doctrine indépendante, c'est qu'on n'a pas assez nettement maintenu la réalité fondamentale du sens intellectuel et du sens moral, réalité que l'Évangile proclame à toutes ses pages.

A lire M. Plantier, évêque de Nîmes, et quelques autres écrivains du même bord, il semble que le devoir n'existerait pas si le dogme ne venait lui donner une définition et presque une sanction ! A force de nier la morale indépendante, on en vient à ébranler la base même de toute morale.

Quoique mal défini, quoique mal écouté, quoique dépourvu de sanction, le devoir existe. Le sens moral qui est la voix de Dieu en nous, rend témoignage à ce qui nous oblige. La sanction ne crée pas la loi.

Je suis prêt à combattre, plus fortement que les partisans de la morale indépendante, l'abominable doctrine de la morale dépendante.

Dès que le bien n'existe pas en soi, dès que le sens du bien en soi n'existe pas dans l'homme, dès que rien en nous ne juge les idées et les actes, dès que nous n'avons d'appréciation morale qu'en vertu d'une révélation, on peut soutenir que l'homme lui-même a cessé d'exister.

Ce n'est plus un homme en effet, ce n'est plus un être moral et responsable, c'est un je ne sais quoi qui n'a de nom dans aucune langue. Non seulement la vie morale n'existe pas, mais il est impossible de la faire naître. A quoi s'adresserait la révélation divine elle-même, si le sens du bien était absent chez nous? Comment ferait la religion elle-même pour nous relever, s'il n'y avait rien en nous pour la comprendre, rien pour attester l'obligation morale, rien pour saisir le rapport entre la Parole divine et le bien? On a raison de l'affirmer, l'homme serait l'être le plus dégradé et le plus dépendant. Ne possédant plus en lui le sens qui fait qu'on dit: Ceci est bon! (ce sens auquel la Bible ne cesse de s'adresser) il se trouverait dans la situation la plus ignoble vis-à-vis d'une morale tombée du ciel, sans aucun rapport avec son âme.

Dieu s'adresse dans sa Parole à des êtres moraux et responsables, qui peuvent juger, qui conservent le sens de notre obligation envers le vrai et le bon.

La morale indépendante a raison contre le faux christianisme qui prétend que Dieu crée le bien et le mal, que sa volonté seule rend la sincérité meilleure que le mensonge, que nous sommes privés d'une vraie conscience.

La morale indépendante a tort vis-à-vis du christianisme réel, qui soutient que la conscience existe, que le bien en soi existe, mais qui ajoute que la corruption du cœur existe aussi, et qu'à cause de cette corruption nous parvenons à ne pas entendre notre conscience.

On n'a pas le droit d'avancer que, si l'homme est mauvais, la conscience ne peut exister en lui.

C'est au contraire le rôle de la conscience d'être la voix du bien en nous, malgré nous et contre nous[1].

Parmi les preuves de Dieu, j'en connais peu de plus fructueuses que la persistance de cette voix, la voix du

1. Notre expérience journalière nous montre ce fait : le cœur corrompu, sans cesse repris par la conscience.

bien dans l'homme déchu et mauvais, la voix de Dieu! Il y a là quelque chose d'impersonnel : quelqu'un qui n'est pas nous, et qui nous contraint d'écouter.

On aura beau imaginer l'action des forces matérielles et des hasards, je défie qu'on fasse sortir de là cette loi de l'obligation, ce sens du devoir, qui s'appelle la conscience.

Essayez de vous représenter la notion du devoir, notion universelle, naissant de l'agrégation des atomes !

C'est ici le doigt de Dieu.

Il importe de résister à cette tentation fort naturelle qui nous entraîne à nier le sens moral, à méconnaître la conscience, à penser qu'elle a péri dans la chute, à la supposer pervertie comme le cœur, à croire que Dieu la refait de toutes pièces et que la notion du devoir moral n'entre en nous que parce qu'une Révélation nous la communique.

Il y a des consciences cautérisées, il y a des morales immorales; or c'est justement à cause de ces effroyables déviations que la fidélité indestructible de la conscience se manifeste avec éclat, que la persistance divine du sens moral se révèle dans son admirable évidence.

Si le sens moral avait péri, s'il pouvait périr, comment triompherait-on de ces perversions horribles? comment verrait-on la fin de ces infamies acceptées et approuvées? comment réagirait-on contre ce qui est entré dans les mœurs? comment en viendrait-on (et, notez-le bien, cela arrive toujours), à flétrir les iniquités, à répudier les fausses morales, à rendre hommage au vrai devoir, à reconnaître, sinon à pratiquer, nos réelles obligations?

La vraie morale aura beau exister en dehors de nous, du moment où elle ne répondrait à rien en nous, elle ne pourrait réaliser aucun des progrès dont l'histoire porte témoignage. Dieu lui-même ne pourrait le faire, à moins de nous créer de nouveau, purement et simplement.

Ne venez pas nous dire que nous détruisons le sens moral et l'indépendance de la loi morale, parce que nous croyons à la chute et à la corruption.

Le cœur corrompu, qui se révolte contre la loi morale, ne supprime pas l'existence de cette loi. Pas plus que la loi extérieure, la loi intérieure n'est supprimée par la révolte. Elle reste là, en nous, malgré nous.

La Bible a précisément ce caractère remarquable, qui ne se retrouve dans aucun autre livre philosophique ou religieux, et qui est peut-être le signe le plus évident de sa divinité, qu'elle affirme en même temps ces deux choses : la chute et la corruption de l'homme, attestées par la perversité du cœur ; le sens moral, attesté par la voix de Dieu en nous.

La Bible ne cesse de dénoncer la corruption du cœur ; la Bible ne cesse d'en appeler à la conscience, à la morale indépendante (dans le sens vrai du mot) à la notion ineffaçable du bien en soi, à la notion ineffaçable de notre obligation envers lui.

On se donne la peine de nous prouver que la morale de l'Évangile se trouve aussi ailleurs. On cite Bouddha, Confucius, Zoroastre, Socrate, Zénon, sans compter les poëmes indous et les lois de Manou[1].

Même en admettant, ce qui n'est pas (lisez Platon), que ces morales soient égales à celle de l'Évangile,

1. Allez voir ce que sont devenues les sociétés sous cette influence, la plus énervante et la plus mortelle qui fut jamais. L'aspiration au néant ne peut produire autre chose que l'anéantissement moral et social.

une différence radicale les en sépare, il importe de la signaler :

Les dogmes manquent à ces morales. Le dogme chrétien, on l'a beaucoup trop oublié, constitue essentiellement la morale chrétienne.

Il y a une morale touchante chez Bouddha; il y a des délicatesses infinies dans le Ramayana et les autres poèmes indous; mais le panthéisme, le désir de l'absorption, la soif du Non-Être énerve tout.

Il y a de beaux préceptes chez Confucius, mais l'absence d'un vrai dogme religieux dessèche tout.

Sans le dogme, la morale de l'Évangile, si belle soit-elle, perdrait sa valeur.

La morale chrétienne ne pose les bases de sa grandeur que par le dogme de la chute. Elle annonce ainsi que la réforme dont il s'agit n'est pas une réforme superficielle.

La morale chrétienne continue à constituer sa grandeur par le dogme de la nouvelle naissance. La foi qui sauve est celle qui entreprend le renouvellement moral tout entier.

La morale chrétienne achève d'établir sa grandeur par le dogme de la sanctification. L'Évangile n'admet comme ses croyants et comme les disciples de sa morale que les hommes qui livrent jusqu'au bout le combat de la sainteté.

On se retourne, et l'on prétend que les religions consisteraient en dogmes sans influence sur la morale!

Il faut être un observateur bien inattentif pour ne pas constater l'action réciproque des idées de l'esprit, des sentiments du cœur, des notions de la conscience.

A priori, il est certain que ce que je crois agira

directement sur mon développement moral; ce développement dépend en bonne partie de ce qu'est pour moi la vie à venir, le jugement de Dieu ou son indifférence, l'origine de l'homme, sa destinée.

A posteriori, nous voyons les croyances exercer une action puissante, une action décisive sur les notions morales.

Chaque religion altère ou protège la morale : fétichisme, paganisme, islamisme, catholicisme, puritanisme, chacune produit ses fruits.

Dans chaque personne en particulier le même fait se présente. Avec les croyances, les notions morales se modifient chez nous; mondain ou chrétien, l'homme ne sera pas le même.

Prétendra-t-on que les convictions se valent, que les Indous ou les Turcs sont aussi convaincus que nous de la vérité exclusive de leur religion, que par conséquent il n'y a ni vrai ni faux en cette matière?

Les convictions se valent, soit; mais les résultats ne se valent pas.

Il y a des religions qui abaissent, il y a une religion qui élève. Or, s'il en existe une seule qui fortifie la conscience, crée la famille, fasse des âmes indépendantes et des peuples indépendants, réalise la liberté, abolisse l'esclavage, donne le signal de tous les progrès, réponde aux besoins infinis de l'âme humaine, institue la vraie morale, aille chercher à leur vraie profondeur les racines du mal, ces signes pourront suffire, je pense ; nous n'aurons plus à comparer les convictions, nous aurons à comparer les résultats.

Prétendra-t-on que chaque religion est un produit du temps et du sol ?

Je l'admets pour les autres religions. Telle religion est orientale, telle autre africaine ; il a fallu un certain état social pour les produire.

Mais, et c'est ici une des éclatantes supériorités du christianisme, plus la thèse est fondée pour les autres religions, plus elle rend évidente la divinité de l'Évangile.

Il n'y a qu'une religion ici-bas qui convienne également à tous les peuples. Née il y a dix-huit siècles, elle est aussi appropriée aujourd'hui à nos besoins. Née en Asie, elle a envahi l'Europe et l'Amérique ; elle retourne en Asie ; elle va en Afrique et en Australie. Partout où il y a des hommes, elle accomplit son œuvre de régénération.

On croit nous embarrasser, en nous montrant qu'à certaines heures la conscience suffit et qu'elle dicte des actes moraux sans le secours de la religion !

Nous serions bien plus embarrassés s'il en était autrement.

Avec une conscience entièrement créée par la religion, l'homme moral nous échapperait. La foi religieuse elle-même cesserait d'être un fait moral. A vrai dire, le bien et le mal n'existeraient plus. Des mécanismes portant le nom d'hommes seraient mis en jeu par une puissance supérieure ; mais leurs vertus auraient exactement la valeur de leurs vices. Les mécanismes n'ont ni vices ni vertus.

Pour que l'homme soit un être moral, il faut que le sens moral subsiste en lui ; il faut que cette loi fasse partie essentielle et primitive de sa nature ; il faut qu'il y ait, dans cette acception-là, une morale indépendante.

Loin d'être embarrassés de ce fait, que la conscience inspire de belles actions sans le secours de la religion, nous en sommes fiers; nous constatons les premiers ce fait admirable; nous rendons grâce à Dieu qui a écrit de telle sorte le sentiment du devoir au fond de toutes les âmes que, forcément, le progrès en jaillit.

En dépit de la corruption du cœur, la conscience incorruptible manifeste çà et là sa puissance. S'il y a déchéance souvent, il y a parfois dévouement et vertu.

Ne l'oublions pas d'ailleurs, on rencontre des sentiments honorables, produits sans le secours de l'éducation, chez des gens fort mal élevés. En concluez-vous que la bonne éducation est inutile et qu'il ne faut pas élever vos enfants!

On rencontre des éclairs d'intelligence, projetés au sein d'une ignorance profonde, chez des hommes sans lumières. En conclurez-vous que l'instruction n'est bonne à rien et retirerez-vous vos enfants de l'école?

Il n'y a point d'obligation morale! s'écrie-t-on; il n'y a que des goûts! Les uns ont le goût du bien, les autres ont le goût du mal; chacun ne fait que suivre son plaisir qui pousse celui-ci à soulager les pauvres, celui-là à les opprimer?

J'en appelle à l'expérience intérieure. Les hommes dont le cœur cherche à obéir au devoir savent qu'ils ont fait des choses contraires à leurs goûts et sacrifié des choses conformes à leurs goûts. Ils le savent aussi, dans cette obéissance douloureuse au devoir, dans cette lutte contre eux-mêmes où les goûts naturels sont immolés, ils ont été conduits, non par un attrait du devoir, mais par un sentiment bien distinct, le sentiment de l'obligation au devoir.

Que plus tard, par le fait même de l'obéissance au devoir, le goût du devoir naisse, que le dégoût de ce qu'on aimait naturellement autrefois se produise, c'est le plus beau fruit de la morale. Oui, le devoir accompli finit par créer le devoir aimé. Le goût du devoir, les joies du devoir, le bonheur par le devoir, tout cela vient.

On tente de remplacer le devoir par l'intérêt bien entendu!

On a la naïveté de nous démontrer que notre devoir est d'accord avec notre véritable intérêt, que le devoir, c'est le bonheur!

Qui en doute? Pour peu qu'on y ait réfléchi, on sait que ni l'intérêt ni le bonheur ne se trouvent en dehors du devoir. Mais sont-ils le devoir? remplacent-ils le devoir? L'obligation morale disparaîtra-t-elle pour faire place à un calcul d'intérêt, à la poursuite du bonheur? Ceci est une autre affaire.

Le devoir existe, la conscience existe, Dieu merci. Le sentiment du devoir ne se laisse confondre avec aucun autre.

Je me rappelle le temps où, étudiant Bentham et son école, je cherchais à retrancher le devoir et à le remplacer par l'utilité. L'utilité, même l'utilité générale, ne pouvait pas se transformer en devoir. Je n'ai jamais réussi, pour mon compte, à opérer cette transfusion, cette transmutation de l'intérêt, si bien entendu, si général qu'il fût, en devoir.

Parvînt-on à remplacer l'idée de devoir par celle d'intérêt, on ne tarderait pas à supprimer en fait toute la morale. Les devoirs ne survivraient pas longtemps au devoir [1]. Mettez même ici, parmi les intérêts, le gain du ciel, vous n'y aurez rien changé.

Épicuriens et utilitaires tentent vainement de fondre dans leur creuset cette matière indestructible : le devoir.

Eh bien, soit ! Le devoir pour le devoir !

Quand la morale indépendante a enfourché ce cheval de bataille, elle regarde du haut en bas notre pauvre morale chrétienne et dépendante, qui compte des peines et des récompenses.

A la bonne heure. Mais je défie un moraliste indépendant, pour peu qu'il comprenne ce qu'il dit, de supprimer dans son système la perspective des peines et des récompenses.

Le bonheur et la sainteté, le malheur et la dégradation ne sont pas si faciles à désunir qu'on l'imagine. On aura beau nier la vie éternelle, on aura beau retrancher Dieu, je maintiens que le jugement subsistera ; il y aura des condamnés et des bienheureux. Je plaindrais le moraliste qui, en recommandant avec raison le devoir pour le devoir, méconnaîtrait le rapport fondamental qui existe entre la sainteté et le bonheur.

Le jugement de Dieu ne sera que la manifestation de ce rapport. L'âme qui s'est tournée vers le bien sera heureuse ; l'âme qui a préféré l'asservissement au mal sera malheureuse. Dieu ne sépare ni les peines ni les récompenses futures de l'état moral où nous nous trouverons.

Ils ne se rendent pas compte de leurs propres doc-

1. Fondez votre morale sur l'intérêt bien entendu, détruisez la notion du devoir ; que deviendra cette force qui a aboli l'esclavage ? Certes l'esclavage, en Amérique où il régnait, avait pour lui l'intérêt, même l'intérêt bien entendu, dans la pensée du plus grand nombre.

trines, ceux qui prétendent écarter de la morale les idées de bonheur et de malheur, de récompense et de peine. Bien que le sentiment de l'obligation morale soit absolument distinct de la recherche du bonheur, ces deux sentiments sont aussi inséparables qu'ils sont distincts : Je fais mon devoir parce qu'il est mon devoir; toutefois je cherche là mon bonheur, et je sais qu'il ne peut se trouver que là.

Le jugement de Dieu, les peines et les récompenses d'une autre vie sont la sanction nécessaire du commandement divin, la suite nécessaire du commandement divin, je dis plus, la conclusion nécessaire de la vie actuelle, qui ne peut évidemment aboutir à la vie future qu'en partageant les âmes en deux classes : celle qui aime les choses d'en haut, celle qui aime les choses d'en bas.

Je l'affirme plus fermement que vous, le calcul des peines ou des félicités à venir ne saurait modifier par lui-même notre état moral; il peut modifier nos actes, il ne peut changer la source profonde d'où sortent nos actes. Or la grande morale s'occupe de l'état de l'âme, non de la réglementation des actes. Jamais on ne fournira l'exemple d'une conversion opérée par le calcul, par la crainte des châtiments et par le désir des récompenses. Il y aurait contradiction entre les termes. Le calcul des intérêts ne transformera jamais notre état moral; un calcul ne peut agir sur la conscience et sur le cœur; un calcul ne peut nous faire naître de nouveau et nous sanctifier. Même dans les relations d'un autre ordre, qui osera soutenir que le Code pénal fasse un seul honnête homme? Quel père de famille tiendra pour un brave enfant le fils prudent et calculateur qui s'arrange pour n'être pas châtié?

Mais ceci dit, il faudrait fermer les yeux aux enseignements de l'histoire, il faudrait méconnaître la nature de Dieu, il faudrait ne rien comprendre à celle de notre cœur, pour ne pas voir qu'un nombre immense d'attentats ont été empêchés par la crainte du jugement divin.

Laissons les grandes phrases sur le désintéressement de la conscience. Il demeure certain que la bête féroce se donne carrière quand elle n'est pas enchaînée.

Et ne répétez pas que je me place au seul point de vue de l'utile, que le Code pénal joue le même rôle que Dieu! Le Code pénal prévient bien des crimes, et il n'est fait que pour cela; le jugement de Dieu réveille des idées d'un tout autre ordre : l'obligation morale nous apparaît alors, et la conscience a plus de part que nos calculs dans le progrès qui s'accomplit.

La conscience, qui n'est que le sentiment du devoir, ne fait défaut à aucun peuple ni à aucun homme. Dieu l'a écrit de sa main sur les tables de la loi intérieure, comme il avait écrit la loi des dix commandements sur les tables du Sinaï. Tous les hommes, sans exception, sentent que le bien oblige. Pour tous, il y a des actes jugés bons et qu'on se sent obligé d'accomplir.

Les définitions du bien varient beaucoup, son caractère obligatoire ne varie pas. Ne s'appliquât-elle qu'à un ou deux cas, la loi du devoir n'en existerait pas moins, même chez les peuples les plus sauvages, même chez les hommes les plus corrompus, même chez ceux qui ont cautérisé leur conscience, qui n'entendent guère plus sa voix, et qui se figurent ne plus l'entendre du tout. Pour ceux-là même, tel acte est jugé bon et ils se sentent tenus de l'accomplir, tel acte est jugé mauvais et ils se sentent tenus de l'éviter.

Je vais plus loin. Il se peut que les défenses et les commandements de la conscience soient extrêmement incomplets. Il se peut qu'ils soient très mal obéis. Il se peut encore qu'ils reposent sur des appréciations erronées, que tel acte mauvais soit jugé bon, que tel acte bon soit jugé mauvais ; des exemples très nombreux l'attestent. Mais le sentiment de l'obligation vis-à-vis du bien subsiste. Ceci est énorme, et toute l'éducation morale, de la conscience d'abord, du cœur de l'homme ensuite, se trouve en germe là.

Ceux qui mettraient en doute l'universalité absolue du sentiment du devoir sont priés de découvrir quelque part un coin de terre où le remords soit inconnu, où l'on n'estime ni ne désapprouve personne ! L'estime et le blâme reposent uniquement et partout sur cette notion : que le bien oblige.

La conscience, qui est la loi, n'est en aucune manière un catalogue.

On donnerait trop beau jeu aux adversaires de la conscience, si l'on prétendait en faire le répertoire des défenses et des commandements.

Il y aurait de telles différences entre le répertoire de tel homme et celui de tel autre, entre le répertoire de tel peuple et celui de tel autre, entre le répertoire de telle époque et celui de telle autre, qu'on se sentirait amené à nier absolument la conscience.

La conscience n'est pas un catalogue de devoirs, elle est le sentiment du devoir, la loi du devoir en nous, le sens moral. Là réside le principe de tous les développements moraux, de toute l'éducation morale.

Le sentiment du devoir a cela d'admirable qu'il corrige à la longue les erreurs de l'application. Il y a quelque chose de trop sain et de trop élevé dans cette conviction : le bien oblige, pour que les fausses pratiques ne finissent point par s'y trouver mal à l'aise. Le jour où le vrai bien se montre, le mal, qui a usurpé sa place, est condamné au tribunal de l'obligation morale.

Voilà pourquoi les progrès de la conscience n'ont cessé de s'opérer ici-bas. Voilà pourquoi la conscience a saisi, même chez les incrédules, les progrès moraux apportés par l'Évangile. Voilà pourquoi l'Évangile s'adresse à la conscience.

FIN DU TOME SECOND.

TABLE

DU TOME SECOND.

IMPRIMERIE CENTRALE DES CHEMINS DE FER. — A. CHAIX ET Cie
RUE BERGÈRE, 20, A PARIS. — 3078-9.

OUVRAGES
DE
M. LE C^TE AGÉNOR DE GASPARIN

www.ingramcontent.com/pod-product-compliance
Ingram Content Group UK Ltd.
Pitfield, Milton Keynes, MK11 3LW, UK
UKHW020557230726
13926UKWH00005B/2076

9 782019 203009